Jalta

Positionen zur jüdischen Gegenwart

DESINTEGRATION

AUSGABE N° 02
2/2017 — 1/5778

Jalta

Positionen zur jüdischen Gegenwart

DES-INTEGRATION

HERAUSGEGEBEN VON
Micha Brumlik / Marina Chernivsky / Max Czollek / Hannah Peaceman
Anna Schapiro / Lea Wohl von Haselberg

AUSGABE N° 02
2/2017 — 1/5778

DESINTEGRATION!

*Verehrte Leser*innen,*

in Ihren Händen halten Sie die zweite *Jalta*-Ausgabe mit dem Themenschwerpunkt *Desintegration. Desintegration* ist ein Begriff, der seit dem gleichnamigen Kongress am Maxim Gorki Theater (Berlin) 2016 im Kontext postmigrantischer Interventionen diskutiert wird. In der Soziologie eine negativ konnotierte Bezeichnung, um Prozesse der Gruppenauflösung zu markieren, ist Desintegration in seiner gegenwärtigen künstlerischen wie politischen Aneignung eine Kritik am Status quo der Integration, an Konzepten ‚deutscher Leitkultur' und der Vorstellung, die ideologische und kulturelle Einheit wäre bedeutsamer als ihre innere Vielfalt. Dass eine solche Intervention nötig ist und bleibt, hat die in den vergangenen Monaten wieder aufgelebte Debatte um Leitkultur zu Genüge demonstriert. Unter Rückgriff auf essentialistische Vorstellungen vom ‚Deutschtum' produzieren diese Debatten Ausschlüsse, indem sie vor allem benennen, was ‚Deutschsein' nicht beinhalten sollte.

Dem steht die Vorstellung einer *Gesellschaft der Vielen* entgegen, die radikale Unterschiedlichkeit bzw. Radical Diversity der Menschen zur Grundlage des Zusammenlebens erklärt. Diese Alternative zur Leitkultur ist vor allem dann denk- und lebbar, wenn man politische und gesellschaftliche (Gegen-)Allianzen formt. Desintegration war daher von Beginn an darauf ausgerichtet, Bündnisse mit anderen marginalisierten Positionen zu bilden und gemeinsame Kampffelder zu definieren. In einer Situation, in der gut 80 % der in Deutschland lebenden Jüd*innen einen Migrationshintergrund und auch jene, die formal keinen haben, zu dem vermeintlichen ‚Wir' kaum dazugerechnet werden können, ist eines dieser Felder der Integrationsdiskurs. Gegen die Divide-et-Impera-Politik derjenigen, die von einem ‚christlich-jüdischen Abendland' sprechen, wollen wir mit *Jalta* ein Zeichen für eine jüdisch-muslimische, jüdisch-queere, jüdisch-feministische, jüdisch-x Leitkultur setzen.

Ebenso ist *Desintegration* eine logische Fortsetzung des Themas der ersten Ausgabe *Jaltas – Selbstermächtigung*. Denn wozu wollen wir uns mit und durch *Jalta* ermächtigen? Welche ist die Richtung, in die wir aufbrechen wollen – als

Jüd*innen und als Teil eines postmigrantischen Deutschlands? Desintegration ist ein Versuch, dieses Neue in eine mögliche Richtung zu erkunden, ohne seine Form und seinen Inhalt konkret festzuschreiben. Desintegration weist in eine kritisch-emanzipative Richtung, aber dieser Bewegung weg vom Status quo bleibt gerade in ihrer Offenheit die Ambivalenz und Unsicherheit eines jeden Aufbruchs eingeschrieben. Dies spiegelt sich in Aufbau und Inhalt der Einzelbeiträge dieses Hefts.

Doch vor dem Themenschwerpunkt eröffnet die Ausgabe wiederum mit einigen Beiträgen zum Titel dieser Zeitschrift – *Jalta*. Die Rubrik „(Nach) Jalta" beinhaltet vier Beiträge, in denen diesmal alle Autor*innen auf die eine oder andere Weise die Dialogform verwenden: Rina Soloveitchik initiiert ein Gespräch zwischen der talmudischen Jalta und einer zeitgenössischen Interviewerin, Madeleine Bernstorff begegnet Ruth Novaczek in ihren Kunstwerken, Lea Wohl von Haselberg unterhält sich mit Felicitas Heimann-Jelinek über die vielen Seiten Gottes und Daniel Laufer tritt in einen Dialog mit der Welt, wobei seine Fotolinse eine Distanz aufrechterhält, weshalb er seine Gesprächspartnerin vielleicht umso besser befragen kann.

Desintegration ist auch das Motto des diesjährigen 3. Herbstsalons am Maxim Gorki Theater. Eine Folge der Adaption des Konzepts für eine solche Veranstaltung ist, dass es sich von seinem ursprünglichen Kontext – der jüdischen Erfahrungen in Deutschland – löst und gesamtgesellschaftliche Prozesse in den Blick nimmt. Auch im Sinne dieser Weitung untersuchen die Autor*innen in dieser Ausgabe die Bedeutung der Desintegration für unterschiedliche gesellschaftliche Felder und Kontexte. Um die Breite einer solchen Erkundung abzubilden, haben wir gleich als Auftakt des Themenschwerpunktes eine Reihe von Denker*innen und Aktivist*innen gebeten, uns ihren eigenen Eindruck davon zu vermitteln, was sie mit *Desintegration* assoziieren. Aus den kurzen Texten von Rebecca Ajnwojner, Tal Alon, Aycan Demirel, Dimitrij Belkin, Michel Friedman, Franziska Füchsl, Tobias Herzberg, René_ Hornstein, Daniel Kahn, Arkadij Khaet, Massimo Perinelli und Matti Traußneck entsteht ein 12-teiliges Mosaik unterschiedlicher formaler Zugänge, ein inhaltliches Prisma, in dem sich die Offenheit und Ambivalenz des Konzepts selbst spiegelt.

Esra Küçük verschafft uns mit ihrem Beitrag einen Überblick über die Geschichte der deutschen Integrationsdebatten in den letzten 60 Jahren. In seinem Prosastück *ständig translatio* beschreibt Mehdi Moradpour in einer Folge von Szenen die Erfahrung von Migration, Rückkehr und Mehrsprachigkeit als ein Pendeln zwischen Schizophrenie und Inspiration. Dotschy Reinhardt, Musikerin und Künstlerin, führt ein fiktives Gespräch mit ihrem zweiten Selbst, markiert durch ihren ‚deutschen' Namen, und weist damit auf die Widersprüche und Verhinderung ihrer ‚Integration' als ‚Deutsche' hin. Der Text von Max Czollek, Corinne Kaszner, Leah Carola Czollek und Gudrun Perko stellt das Konzept des Radical Diversity als konkrete Utopie gesellschaftlichen Zusammenlebens vor, für deren Realisierung Desintegration die Funktion eines Scharniers zukommt. Die Texte des in Frankfurt lebenden Lyrikers Yevgeniy Breyger sind eine künstlerische Arbeit am Themenschwerpunkt des Hefts. Wenn bei der Lektüre Fragen offenbleiben sollten, kommen Sie zu seiner nächsten Lesung!

Der Historiker Markus Nesselrodt erzählt im Gespräch von seiner Forschung zu jüdischen Displaced Persons, die in der Sowjetunion die Shoah überlebten und deren Erfahrungen sich im Narrativ der Überlebenden nur wenig wiederfinden. In einem Zwischenruf verweist Dani Kranz auf die Verbindung des Staatsbürgerrechts mit einer Setzung von Zugehörigkeit durch eine christliche-deutsche Dominanzkultur. In dem Beitrag zum *NSU-Tribunal*, welches im Mai 2017 in Köln stattfand, beschäftigen sich Hannah Peaceman und Lea Wohl von Haselberg mit den (Un-)Möglichkeiten der Solidarisierung von Betroffenen von Antisemitismus und Rassismus und denken über die Möglichkeiten neuer Allianzen in einer *Gesellschaft der Vielen* nach. Dem Text vorangestellt sind Reden von Ibrahim Arslan und Esther Bejarano, die die beiden während des *NSU-Tribunals* gehalten haben. Die Rubrik schließt mit dem Wiederabdruck eines Interviews, das Micha Brumlik und Hauke Brunkhorst 1990 für die Zeitschrift *Babylon* mit dem Philosophen Karl-Otto Apel geführt haben, der in diesem Jahr verstorben ist.

Frederek Musall liefert in der Rubrik „Juden* und …“ eine Abrechnung mit dem ‚christlich-jüdischen Dialog‘. Caspar Battegay vertieft sich in eine unterhaltsame und gelehrte intertextuelle Betrachtung des Zusammenhangs von Judentum und Alkohol. Die vierte Rubrik „Übersehen, Vergessen, Verdrängt“ eröffnet den Blick auf vier Themen: In seinen Collagen *alter Bestand, 2017* weist Arnold Dreyblatt auf aus jüdischem Familienbesitz gestohlenes Silber hin, mit dessen Umgang bis heute Unklarheit besteht. In einer Petition fordert der Bundes Roma Verband ein Bleiberecht für Roma in Deutschland – in Anlehnung an den ‚Kontingentflüchtlingsstatus‘. Henrike Pilz beschreibt ein Kunstprojekt, das sich mit dem Einfluss der Stasi auf Familiengeschichten in der DDR auseinandersetzt. In ihrem Beitrag vermitteln der Autor Mati Shemoelof und der Maler Barack Moyal schlaglichthaft einen Eindruck von ihrer Perspektive als misrachisch-israelische Künstler in Berlin.

In der letzten Rubrik „Streitbares“ beschreibt Kathrin Krahl die ambivalente Situation, in der das Kunstwerk von Manaf Halbouni – drei aufgerichtete Busse aus der umkämpften syrischen Stadt Aleppo – auf die Dresdner Stadtgesellschaft traf. Im Rahmen des Herbstsalons des Maxim Gorki Theaters werden die Busse auch in Berlin zu sehen sein, so dass eine Weiterführung dieser

Diskussion zu erwarten ist. In seiner Rezension zu Peter Schäfers Buch *Zwei Götter im Himmel* diskutiert Micha Brumlik schließlich die von Schäfer aufgeworfene Frage, ob das Judentum doch kein Monotheismus sei.

Bemerkenswert an der diesmaligen Zusammenstellung ist, dass drei Autor*innen – Soloveitchik, Bernstorff und Reinhardt – für ihre Texte die Form des fiktiven Interviews gewählt haben. Wir glauben, dass das nicht ganz zufällig ist. Denn gerade die Form des *fiktiven* Interviews unterstreicht einen Mangel an realen Gesprächspartner*innen, der auch ein wichtiger Impuls für die Gründung von *Jalta* war. Denn mit *Jalta* geht es uns ja vornehmlich darum, einen Ort für kritische Diskurse über politische und gesellschaftliche Verhältnisse zu schaffen – ein Forum für intellektuelle und künstlerische Debatten innerhalb der jüdischen Community, aus jüdischen Perspektiven oder über jüdischen Belange. Dieser Mangel besteht nicht nur für Jüd*innen in Deutschland.

Desintegration! ist ein Ausruf, eine Forderung und ein Anstoß – aus jüdischen Perspektiven – Allianzen mit allen Mitgliedern und Verbündeten einer Gesellschaft der Vielen zu suchen. Denn nur als Verbündete werden wir in der Lage sein, dem Integrationsparadigma eine Alternative entgegenzustellen. Das vorliegende Heft legt Fährten aus, von denen wir glauben, dass sie sich zu verfolgen lohnen. Es ist dabei zugleich Weiterführung der ersten und Vorbereitung der dritten Ausgabe, die sich mit bestehenden und neu zu schließenden *Allianzen* auseinandersetzen wird.

Wir danken für Ihr Interesse und freuen uns auf die Diskussionen,

MAX CZOLLEK / HANNAH PEACEMAN / LEA WOHL VON HASELBERG
(Heftverantwortliche für *Jalta* N° 02)

Inhaltsverzeichnis

1 — א
(NACH) JALTA

2 — ב
DESINTEGRATION

3 — ג

JUDEN* UND ...

4 — ד

VERGESSEN, ÜBERSEHEN, VERDRÄNGT

5 — ה

STREITBARES

1 — א

(NACH) JALTA

JALTA ÜBER *JALTA*

Ein Interview mit der Namensgeberin dieses Magazins – zwei Feministinnen mit 1.700 Jahren Altersunterschied plaudern miteinander

RINA SOLOVEITCHIK

RINA SOLOVEITCHIK: Liebe Jalta, wie ist es für Sie zu wissen, dass in Deutschland ein Magazin für jüdische Debatten nach Ihnen benannt wurde?

JALTA: Es ist sehr merkwürdig. Ich lebte zu einer Zeit, da waren die meisten der Leser*innen des Magazins noch nicht einmal vom Allmächtigen gedacht. Im 4. Jahrhundert nach Christus – ich höre, man bezeichnet Daten bei euch so? ... Jesus, ein gutherziger Kerl, aber etwas zu lasch, wenn es um das Befolgen des jüdischen Gesetzes ging, finde ich. Aber vielleicht hält man ihn deshalb für den Messias, der Mensch ist ja von Natur aus faul.

RS: Warum denken Sie, wählte das Magazin Ihren Namen?

J: Ich schätze, wegen dem, wofür mein Name in Ihren Augen steht. Ich bin die Frau, die im Babylonischen Talmud am häufigsten namentlich erwähnt wird. Andere Frauen werden als „Tochter von" und „Frau von" bezeichnet. Raschi nannte mich Jahrhunderte später in seinen Kommentaren auch „die Frau von Nachman". Und viele Kommentator*innen nennen mich so, weil sie Raschi lesen. Im Talmud bin ich Jalta.

Einen Namen zu haben, bedeutet, als Person gehört zu werden. Nicht als Frau oder Tochter. Ein Magazin, in dem Männer und Frauen Judentum diskutieren, so zu nennen, scheint der Frau die Rolle als eigenständiger Person und Teilnehmerin an der Debatte anzuerkennen. Vielleicht deshalb. Diese Idee ist ja sehr in Mode, auch wenn ihre Umsetzung immer noch zu wünschen übriglässt.

RS: Waren Sie denn verheiratet?

J: Warum ist das wichtig? Ja, ich war Rabbi Nachmanns Frau. Die Heirat war für mich eine Institution, in deren Kontext ich mein Judentum leben konnte. So viele Gebote in unserem Vertrag mit Ha-Shem kann man nur in der Ehe erfüllen.

RS: Warum nannten die Rabbiner im Talmud gerade Ihren Namen?

J: Rationalität war in der patriarchischen Gesellschaft schon immer die respektierte Sprachform. Ich argumentierte basierend auf Tora, Mischna, Talmud. Ich sprach ihre Sprache, die Sprache der Macht.

RS: Ging es ihnen dabei denn explizit darum, als Frau gehört zu werden, um die Macht der Rabbiner in Frage zu stellen?

J: Nein, keineswegs. Mir ging es um das Gesetz Gottes. Ich wollte es kennen. Als ich es kannte, sah ich, dass die Rabbiner in Babylon die Gesetze besonders streng auslegten. Nur um ihre Macht zu erhalten. Mit Gott hatte das meines Erachtens nichts zu tun. Ich als Frau profitierte nicht von dieser Strenge. Ich fühlte die Verantwortung der Gemeinschaft gegenüber, mildere Auslegungen der Gesetze anzubieten.

RS: Wie zeigten Sie das?

J: Ich ließ mich am Schabbat herumtragen, wogegen die Rabbiner ein Verbot ausgesprochen hatten. Die Gemeinde brauchte mich und ich wollte zeigen: Gemeinschaft geht über Kontrolle.

Ich aß auch Euter. Nicht, weil er mir schmeckte. Ich wollte demonstrieren: Man kann den Euter so kochen, dass er koscher ist. Außerdem ließ ich immer mehrere Rabbiner mein Menstruationsblut anschauen – statt nur einen –, so dass sie sich immer darüber stritten, ob es rein oder unrein sei, um zu zeigen, dass diese Regel doch recht absurd ist.

Mann kann die Gesetze so lesen, dass diese Dinge erlaubt sind. Ich dachte mir das nicht aus, sondern berief mich auf existierende, ältere Kommentare. Es gab keinen religiösen Grund, die harschere Interpretation zu wählen. Im Gegenteil: Im Judentum geht es um Freude – um Dinge, die erlaubt sind.

RS: Aber werden Sie denn nicht erinnert, gerade weil Sie sich so radikal gegen das Patriarchat gewandt hatten, als sie die Krüge im Weinkeller zerschlugen, weil Rabbi Ulla Ihnen verboten hatte, vom gesegneten Wein zu trinken?

J: Ich verließ den Tisch und ging in den Garten, um eine kluge Antwort zu überlegen. Krüge zerschlug ich natürlich nie. Das dachten sich die Rabbiner aus, die den Talmud schrieben. Sie konnten sich eine Frau, die so laut und offen ihre

Meinung bekundet, nicht anders vorstellen als aggressiv, oder vielleicht dachten die Männer, die den Talmud aufschrieben, sie hätten an meiner Stelle Krüge zerschlagen ... Allerdings: Hätte ich wirklich Krüge zerschlagen, fände man mich heute nur in diesem Kontext in dem Text erwähnt. Alle Anstrengung um eine bessere Interpretation des Gesetzes wäre umsonst gewesen. Das war mir klar.

RS: Warum?

J: Merken Sie sich das: Sobald die Frau ‚überschwängliche' Emotionen zeigt, ist alles andere vergessen. Nur ihre scheinbare ‚Hysterie' wird erinnert ... Im Angesicht dieses scheinbar Unverständlichen, bekommt der Mann Angst vor Kontrollverlust, und er hört und sieht nichts Anderes. Und vor allem Männer bestimmen heute wie früher, was erinnert wird ... Ich war deshalb immer bedacht und schlug mit für sie verständlichen Worten zu.

RS: Die Rabbiner hatten kein Interesse, Ihre Position zu nennen, warum taten sie es? War es wirklich, weil Sie sie beeindruckten?

J: Nein, sicherlich nicht. Ich traf schon einen Nerv der Zeit. Ich vertat sehr entspannte Interpretationen, die die Rabbiner, die den Talmud aufschrieben, in Betracht ziehen wollten. Aus Neugier, um sich damit auseinanderzusetzten. Eine mildere Interpretation, die aber kein Mann hätte sagen können, ohne dass er das Gesicht verloren und als zu offen gegolten hätte. Sehen Sie, als Rabbiner dieser Zeit, stand man unter Druck, strikt zu sein, um das Patriarchat zu erhalten. Eine mildere Interpretation der Gesetze, auch wenn textlich richtig, wäre als Verrat am Patriarchat gelesen worden. Sie brauchten also eine*n kluge*n Außenseiter*in, dem*der sie diese Meinungen zuschreiben konnten. Diese*r Außenseiter*in war ich.

RS: Und wie ist es für Sie zu wissen, dass das Magazin ausgerechnet in Deutschland erscheint?

J: Ja, in Deutschland, wo jüdisches Leben für eine Weile kaum mehr möglich schien. Dabei frage ich mich manchmal, ob es überhaupt möglich sein sollte. Also, ob Juden und Jüdinnen überhaut an diesem grausigen Ort leben sollten, wo sie verfolgt wurden. Aber das war früher nicht anders. Entgegen dem, was viele Gelehrte schrieben, kehrten ja auch viele Juden und Jüdinnen nach Ägypten zurück, und schon sehr bald nach dem Auszug ... Im Grunde ist es natürlich gut, wenn mein Name überdauert. Egal in welchem Land.

RS: Wie meinen Sie das?

J: Ich sage das nicht aus Eitelkeit, sondern wegen dem, wofür mein Name steht: für die Stimme der Frau im Judentum, aber auch für das Hinterfragen des Status quo im Namen einer milderen Interpretation des Gesetzes. Streng, aber nicht zu streng.

RS: Aber ihr Name steht ja auch für ganz anderes. Wie gehen Sie damit um, dass ihr Name mit der Konferenz von Jalta 1945 in Verbindung gebracht wird? Kränkt sie das? Freuen sie sich?

J: Wie, was war da?

RS: Na ja, keine göttliche Intervention rettete Europas Jüd*innen vor der vollkommenen Vernichtung. Es waren die Alliierten, die die Jüd*innen in Europa befreiten. Sie verhandelten 1945 den Sieg in Jalta.

J: Reden Sie bitte nicht von Rettung. Dass Gott uns im Stich ließ, war mir sehr klar. Aber wenn man den Menschen so lange zuschaut, bringt man Details durcheinander. Sie meinen diese groteske Konferenz im Februar 1945 auf der sowjetischen Halbinsel Krim. Mit Franklin D. Roosevelt, Winston Churchill und Josef Stalin. Nach mir benannt? Wirklich?

RS: Nein, nach dem Ort auf der Krim.

J: Achso, na, es hätte mich auch sehr verwundert. Mit der Menschlichkeit und Diskussionsfreude, für die mein Name im Talmud steht, hatte die Konferenz wenig gemeinsam.

RS: Was hielten Sie von den Verhandlungen?

J: Die Angelsachsen unterschätzten Stalin, diesen Neurotiker mit poröser Haut, der Flugangst hatte und deshalb mit einem gepanzerten Zug anreisen musste. In ihren Augen konnte so ein Mensch einfach nicht die Alleinherrschaft über die halbe Weltkugel anstreben. Er konnte ja nicht mal die eigenen Nerven beherrschen. So dachten sie vielleicht. Und dann die brutale Unterdrückung in den von der Sowjetunion kontrollierten Gebieten und die ersten Frostnächte des aufziehenden Kalten Krieges als Resultat.

Aber das geschieht, wenn man diese Dinge den Menschen überlässt. Endloses Blutbad. Ohne Genugtuung.

RS: Und die Charta der Vereinten Nationen, deren Niederschrift bei der Konferenz beschlossen wurde?

J: Naiv. Ohne Ha-Shem wird das nichts ... Aber, ehrlich gesagt, galt meine Aufmerksamkeit nicht den Details der Verhandlungen.

RS: Sondern?

J: Den Juden und Jüdinnen, meinem Volk. Die Schreie der Ermordeten waren zu laut. In der Zeit verhandelte ich mit aller Kraft mit Ha-Shem. „Du verlangst uns so viel ab, weil wir auserwählt sind", rief ich ihm zu. Aber er versprach uns seinen Schutz. Wo war er nun? Unter den Leichenbergen begraben? Immer war er uns schließlich zu Hilfe gekommen, in Ägypten, im Perserreich. Das in Deutschland war kein Patzer, keine Strafe, sondern ein Vertragsbruch. Er ließ uns im Stich. Die wirkliche Frage ist also: Wie vergeben wir ihm, jetzt, wo er wieder da ist? Wie vertrauen wir?

RS: Haben Sie Hoffnung?

J: Nein.

RS: Warum interessiert es Sie überhaupt, ob Ihr Name dann weiterlebt?

J: Ich sah mich immer verpflichtet, an der Beziehung der Jüd*innen mit Ha-Shem zu arbeiten. Beiden Seiten gerecht zu werden. Das hat sich nicht verändert. Sehen sie, Pflicht geht vor Hoffnung.

RS: Ihr Name steht heute auch für Putins Krim. Die Stadt, in der die Konferenz stattfand ist nun von Russland besetzt. Wie finden Sie das?

J: Es langweilt mich. Aber was kann ich machen. Putin, ein kleinkarierter Mann, der gern auf Kosten der Welt seine Muskeln flext, weil er befürchtet, sonst nicht gesehen zu werden. Aber auf eine Weise, als würde er mit mir beim Abendbrot sitzen und heimlich die Bauchmuskeln anspannen. Du fragst ihn, warum er so verkrampft lächelt, und Putin antwortet: „Tue ich doch gar nicht!" Im Grunde ist das einfach nur schrecklich langweilig.

RS: Wie meinen Sie, heimlich beim Abendbrot?

J: Als Reaktion auf die pro-europäischen Proteste in Kiew schickt Putin also seine Soldat*innen auf die ukrainische Halbinsel und behauptet anschließend: „Tue ich doch gar nicht!" Dann wird die Krim nach einem vorgetäuschten Volksreferendum, das während der Okkupation stattfindet, russisch. Offen darf man heute nicht mehr die Muskeln flexen – wegen dieser Charta, die Sie gerade genannt haben –, das gilt als ungehobelt. Deshalb macht Putin es heimlich. Interessanter ist es dadurch nicht.

RS: Was ist nicht interessant?

J: Stellen Sie sich vor, Sie müssten über 1.700 Jahre ständig solche machtgierigen Menschen beobachten. Ok, der Machtdrang ist etwas Menschliches. Aber ich finde die Protagonisten und Protagonistinnen der heutigen Machtspektakel besonders öde, weil im Grunde charakterlos. Putin ist ein Beispiel, Trump ein weiteres. Leere Hüllen und keine Menschen.

RS: Worauf können wir denn hoffen?

J: Dass Ha-Shem Putin einen Bierbauch schenkt. Putins ganzes Regime legitimiert sich durch die Inszenierung von verkörperlichter Männlichkeit. Die Inszenierungen seines Körpers beim Reiten und Fischen sollen kommunizieren: „Ich beherrschte Frau und Land. Wenn Putins Sixpack geht, hat er ein Problem.“ ... und im Ernst: Das wir unsere Beziehung zu Ha-Shem wieder auf die Reihe kriegen.

Und was meinen Namen betrifft, ist es genau das, was ich gerne erinnert sehen möchte. Ein Judentum, das diese Beziehung ehrt, das die Gesetze befolgt, so wie sie einst gedacht waren: als Hilfestellung, die uns ermöglichen soll, klug und respektvoll miteinander zu leben. Und vor allem miteinander zu verhandeln und zu reden, ohne uns die Köpfe einzuschlagen, oder den anderen zum Nichtmenschen zu verklären. Ob Frau oder Mann, ob Jüd*innen oder nicht. Wenn wir als Jüd*innen leben, dann sehen andere, dass es geht. Das wäre viel wert.

SHE SAID

Anmerkungen zu Ruth Novaczeks Filmen

MADELEINE BERNSTORFF

Ruth Novaczeks erster Film *Tea Leaf* entstand 1986 in London. In der Filmabteilung der Saint Martin's School of Art hatten seit Mitte der 1980er Jahre Filmemacher*innen wie Sandra Lahire, Ruth Novaczek und Isaac Julien die klassische, puristische Avantgarde weißer Männer mit eigenen vehementen politischen Statements und brillanten Filmen hinter sich gelassen: 1983 gründete sich das Sankofa Film and Video Collective, 1984/85 entstand deren Film *Territories*, eine vielstimmige poetische Untersuchung Schwarzer britischer Kultur anlässlich des Notting Hill Carnival. Zwei feministische Filmverleihe waren Ende der 1970er Jahre gegründet worden, die später zur immer noch existierenden Sammlung von *cinenova*[1] wurden. Die wachsende Sensibilität für Diversität innerhalb der Frauenbewegung begann sich abzubilden. 1987 tourte das Programm *Black Women and Visibility* durch ganz England. In Westdeutschland erlangte der zukunftsweisende ‚kontrollierte Dokumentarfilm' *Born in Flames* von Lizzie Borden (USA 1983) wegen seines radikal *avant-la-lettre*-intersektionalen Ansatzes in der autonomen Frauenszene Kultstatus. Jahre später, im Herbst 1994, projizierten wir in einem kleinen Stadtteilladen im Münchner Westend Ruth Novaczeks Filme auf 16mm und lasen zu Beginn die Übersetzungen der englischen Texte laut vor.

1 *cinenova.org* wurde 1991 als Distributionsplattform für feministische Filme und Videos gegründet und wird von der internationalen *cinenova working group* betrieben, die oftmals kollaborativ erstellte, aktualisierende Screenings organisiert.

Ihren Debutfilm *Tea Leaf* hat Ruth Novaczek auf Super 8 gedreht, mit zwei Projektoren projiziert und dann noch einmal abgefilmt. Der disruptive Charme des Films um Ladendiebstahl und lesbische Liebe ist ein Punk-Porträt Thatcher-Englands. Die vielen sich überlagernden Belichtungen werden von Musikfetzen und kurzen Sätzen in Spannung gehalten. Immer wieder zitiert Novaczek die identitären Zuschreibungen und Anrufungen, die sie umgeben: „She said …", das Klacken eines Kassettenrekorders ist zu hören, die Filmemacherin unterbricht und durchkreuzt diese Zumutungen.

In ihrem neuesten Film *Footnote* (2017) macht eine Frau eine Reise: „[…] eine hässliche Stadt, die Bars schließen früh. Weil ich nicht mehr weiß, woran ich dachte, weiß ich auch nicht mehr, wie ich dahin gelangt bin", sagt Novaczeks sonore Stimme aus dem Off. Wir treffen sie in Ruth Novaczeks Filmen: die gebrochenen Heldinnen in den fast leeren Restaurants, den Bistros, in denen noch ein paar Lampen in den späten Feierabend hinein brennen. Pam Grier sitzt allein in rotem Licht, raucht, ihr Blick geht in eine flüssige Ferne. Das Material wird schwarzweiß und pixelig, die Stimme spricht weiter. Die Tonübergänge sind abrupt. Farbe oder nicht, scharf oder verschwommen. Tonfetzen fangen an, miteinander Dialoge zu führen.

> *Auch wenn man mir nicht beigebracht hat, mich zu assimilieren, hat sich diese Person vielleicht assimiliert, ohne es zu wissen. Assimilieren war möglicherweise gar nicht so schwer oder riskant und muss auch nicht für immer sein. Welche Optionen gibt es, sich nicht zu assimilieren? Mit sich selbst sprechen? Mit dem Raum sprechen? Mit den Wellen sprechen, mit dem Wetter?*[2]

Die drei Filme *The New World*, *A Woman Returns from a Journey* (2015) und *Footnote* versammeln weibliche Stars: Aurore Clément stakst durch den Flur eines deutschen Hotels. Rita Hayworth lamentiert über die Fehler, die sie gemacht hat, Jean Seberg fegt einen Stapel Bücher vom Tisch, die Garbo verwuschelt ihre Haare, Bette Davis runzelt ihre makellose Stirn. Und dann noch die wilde störrische Bressonsche *Mouchette*. Sie alle verkörpern einen affektiven Überschuss, im Strom ihrer Gesten entsteht eine fortwährend fragmentierte Bewegung. Immer wieder neu ansetzende Aufbrüche aus transitären Zonen, das kollabierende Pathos von Road Movies. Gefundene und von Novaczek selbst gedrehte und recycelte Filmmaterialien treffen aufeinander, Soundtrackpassagen laden beiläufige Szenen auf und brechen unvermittelt ab, Stimmen vermischen sich, und dazu entwirft die Poetin Eileen Myles eine Grammatik ekstatischer Treffpunkte.

---

2 Offkommentar zu Novaczeks Film *The New World* (2013).

Mittlerweile lassen sich Ruth Novaczeks Filme in ihrer performativen Präsenz, in ihrer raumgreifenden Direktheit und ihrem insistierenden Begehren, in ihrer dialektischen Unmittelbarkeit und ihrem selbstironischen Rollenspiel nicht nur symptomatisch für den antihegemonialen, intersektionalen Aufbruch der 1980er Jahre lesen, sondern auch als Statements lesbischer und jüdischer Sichtbarkeit und *conditio*. In einem weiteren frühen Film *Cheap Philosophy* (1992) durchquert Novaczek als ihre multiple Persona Esther Kahn in einer rasanten Performance das Spektrum von Stereotypen des Jüdischen. In *Rootless Cosmopolitans* (1990) geht es um die Frage „So, what is a Jew?", und in Unterhaltungen aus dem Off über Sichtbarkeiten und Zuschreibungen – unter anderem mit der schwarzen Filmemacherin Inge Blackman. Wie sieht eine filmische Sprache aus, die identitäre Brüchigkeiten abbilden kann? Hier ist sie musikalisch, rhythmisch und rasant. „[V]ermeintlich klaren Fixierbarkeiten von Bedeutung, Sinn und Identität stellt Novaczek die Erfahrung des *out-of-place*-Seins in einer historisch präkonfigurierten Gegenwart gegenüber, nicht als idealisierte Form, sondern als offenen Identitätsentwurf," sagt die Dresdener Kuratorin Christiane Mennicke.[3] Ruth Novaczek hat eine Filmform entwickelt, die erst einmal nach *found footage* aussieht, dem Umnutzen, Recyceln, und Aneignen, wie es Filmemacher*innen spätestens seit Esfir Schubs revolutionärer Neudeutung vorrevolutionärer Filme betreiben. Diese heterogenen Erzählfragmente generiert sie aus unterschiedlichsten Quellen, einige sind „just videoed off the wall", andere gerippt oder heruntergeladen.[4] Sie begann damit 2009, als sie Cinema Studies unterrichtete und über die Dekontextualisierung verschiedener Genreszenen ein feministisches Gegenlesen, einen *female gaze* forcierte.

Die Dekonstruktionen und Sinnentleerungen werden bei Novaczek in eine fortwährende rhythmische Bewegung versetzt, die sie neu fiktionalisiert. Ton- und Bildebenen verschieben sich vom Vorder- in den Hintergrund und vice versa, die Sprache ist literarisch und alltäglich, gelegentlich aphoristisch, insistiert immer wieder auf dem ‚She said'. Ein Einspruch. Die glamourösen, dramatischen, verletzlichen weiblichen Filmfiguren durchqueren dabei beharrlich den Raum der cineastischen Fankultur. Catherine Russell hat für diese Form der Aneignung der Bilder im digitalen Zeitalter den Begriff der *Archiveology*[5] geprägt. Die Filmemachenden inszenieren Bilder, die uns schon längst immer wieder angeschaut haben und es auch weiterhin tun. Eine kritische Cinephilie mit auratischen Brüchen. Bei Ruth Novaczek (*The New World*) heißt es: „Ok, ich bin ein Filmfan, ich kenne das Spiel, los, lass es uns spielen: Du Freud, ich Jane."

3 Christiane Mennicke-Schwarz: Vot ken you mach. Ruth Novaczek. http://votkenyoumach.de/artist/ruth-novaczek/ (Zugriff am 19.05.2017).

4 Email von Ruth Novaczek an die Autorin, 04.06.2017.

5 Catherine Russell: *Archiveology. Walter Benjamin and Archival Film Practices*. Durham: Duke UP (im Erscheinen).

CRIME SCENE / ARBEITSTITEL

RUTH NOVACZEK

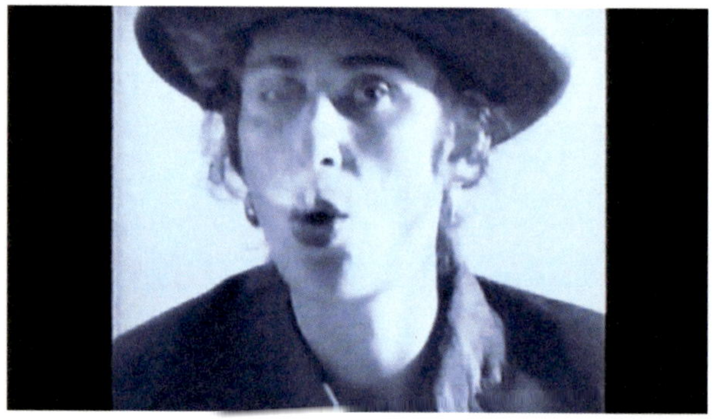

Stills aus *Cheap Philosophy*.

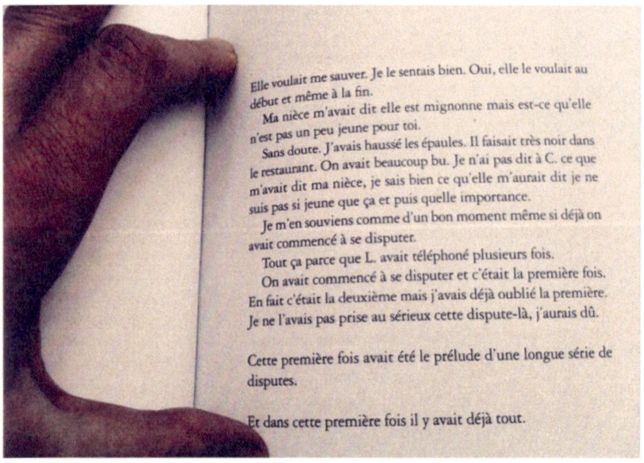

Elle voulait me sauver. Je le sentais bien. Oui, elle le voulait au début et même à la fin.

Ma nièce m'avait dit elle est mignonne mais est-ce qu'elle n'est pas un peu jeune pour toi.

Sans doute. J'avais haussé les épaules. Il faisait très noir dans le restaurant. On avait beaucoup bu. Je n'ai pas dit à C. ce que m'avait dit ma nièce, je sais bien ce qu'elle m'aurait dit je ne suis pas si jeune que ça et puis quelle importance.

Je m'en souviens comme d'un bon moment même si déjà on avait commencé à se disputer.

Tout ça parce que L. avait téléphoné plusieurs fois.

On avait commencé à se disputer et c'était la première fois. En fait c'était la deuxième mais j'avais déjà oublié la première. Je ne l'avais pas prise au sérieux cette dispute-là, j'aurais dû.

Cette première fois avait été le prélude d'une longue série de disputes.

Et dans cette première fois il y avait déjà tout.

Stills aus *A Woman Returns From a Journey* und *Work in Progress.*

MINI CABS

Stills aus *A Woman Returns From a Journey* und *The New World.*

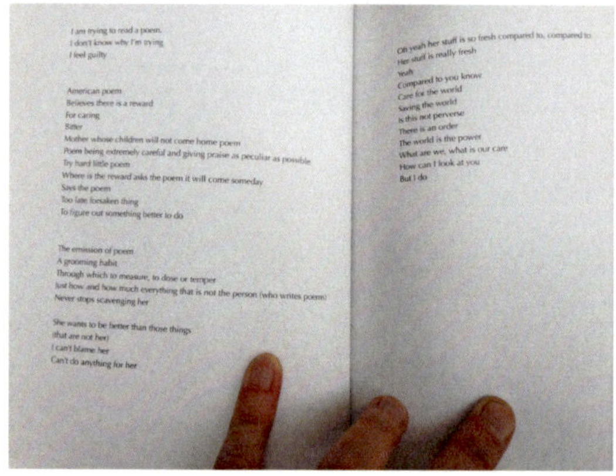

I am trying to read a poem.
I don't know why I'm trying
I feel guilty

American poem
Believes there is a reward
For caring
Bitter
Mother whose children will not come home poem
Poem being extremely careful and giving praise as peculiar as possible
Try hard little poem
Where is the reward asks the poem it will come someday
Says the poem
Too late forsaken thing
To figure out something better to do

The emission of poem
A grooming habit
Through which to measure, to dose or temper
Just how and how much everything that is not the person (who writes poems)
Never stops scavenging her

She wants to be better than those things
(that are not her)
I can't blame her
Can't do anything for her

Oh yeah her stuff is so fresh compared to, compared to
Her stuff is really fresh
Yeah
Compared to you know
Care for the world
Saving the world
Is this not perverse
There is an order
The world is the power
What are we, what is our care
How can I look at you
But I do

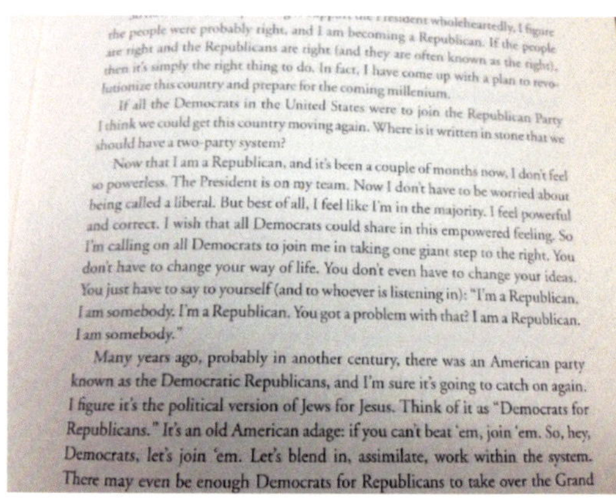

... the President wholeheartedly, I figure the people were probably right, and I am becoming a Republican. If the people are right and the Republicans are right (and they are often known as the right), then it's simply the right thing to do. In fact, I have come up with a plan to revolutionize this country and prepare for the coming millenium.

If all the Democrats in the United States were to join the Republican Party I think we could get this country moving again. Where is it written in stone that we should have a two-party system?

Now that I am a Republican, and it's been a couple of months now, I don't feel so powerless. The President is on my team. Now I don't have to be worried about being called a liberal. But best of all, I feel like I'm in the majority. I feel powerful and correct. I wish that all Democrats could share in this empowered feeling. So I'm calling on all Democrats to join me in taking one giant step to the right. You don't have to change your way of life. You don't even have to change your ideas. You just have to say to yourself (and to whoever is listening in): "I'm a Republican. I am somebody. I'm a Republican. You got a problem with that? I am a Republican. I am somebody."

Many years ago, probably in another century, there was an American party known as the Democratic Republicans, and I'm sure it's going to catch on again. I figure it's the political version of Jews for Jesus. Think of it as "Democrats for Republicans." It's an old American adage: if you can't beat 'em, join 'em. So, hey, Democrats, let's join 'em. Let's blend in, assimilate, work within the system. There may even be enough Democrats for Republicans to take over the Grand

Stills aus *Footnote* und *Work in Progress*.

„WENN ES EINE WEIBLICHE SEITE GOTTES GIBT, WIE VIELE SEITEN GOTTES GIBT ES DANN NOCH?“

Ein Gespräch mit Felicitas Heimann-Jelinek

LEA WOHL VON HASELBERG

Am 30. April 2017 eröffnete die Ausstellung *Die weibliche Seite Gottes* im Jüdischen Museum Hohenems in Zusammenarbeit mit dem Jüdischen Museum Frankfurt und dem Museum of the Bible, Washington D. C. Felicitas Heimann-Jelinek und Michaela Feurstein-Prasser sind die Kuratorinnen. Lea Wohl von Haselberg stellte Felicitas Heimann-Jelinek einige Fragen zum Inhalt, der Motivation und der Wirkung der Ausstellung.

LEA WOHL VON HASELBERG: Beschreiben Sie bitte kurz – gern auch persönlich –, was Sie zu dieser Ausstellung motiviert hat.

FELICITAS HEIMANN-JELINEK: Die zunehmende Beteiligung von Frauen an der aktiven Arbeit für Gott und an der Auseinandersetzung mit Gott beruht auf der Entwicklung einer feministischen Theologie, die sowohl das traditionelle Gottesbild als auch religiöse Instanzen und Praktiken infrage stellt. Diese Entwicklung begann sowohl auf der jüdischen als auch auf der christlichen Seite in den 1960er Jahren und wird seitdem praktisch wie wissenschaftstheoretisch weiterverfolgt. Die Gender Studies der letzten Jahrzehnte treiben die Auseinandersetzung mit Fragen nach spezifisch weiblichen Aspekten in den Religionen konsequent voran. Ein halbes Jahrhundert feministischer Theologie legt nahe, die Auswirkungen dieser Bewegung einem breiteren, nicht nur wissenschaftlich, soziologisch und religionspraktisch interessierten, sondern auch einem säkularen Publikum in Form einer Ausstellung zu präsentieren.

LWVH: Worum geht es bei der Ausstellung *Die weibliche Seite Gottes*? Mit welchen Zielen wurde die Ausstellung konzipiert? Für welches Publikum ist sie gedacht? Welche Künstler*innen stellen aus?

FH: Die Ausstellung *Die weibliche Seite Gottes* kann und will keine auch nur annähernd vollständige Geschichte der weiblichen Seite Gottes nacherzählen. In notwendig eklektischer Weise geht sie Spuren weiblich-göttlicher Elemente in den monotheistischen Religionen von der Antike an nach, insbesondere in der jüdischen. Sie versucht, religionsphilosophische, bibelexegetische, archäologische und religionswissenschaftliche Erkenntnisse der letzten Dezennien durch materielle Belegstücke quasi in das Format Ausstellung zu ‚übersetzen‘. Damit möchten wir den Diskurs aus seinem akademischen Rahmen herauslösen und einer vielfältigen Bandbreite von Menschen unterschiedlichster Herkünfte, Hintergründe und Herangehensweisen zugänglich machen. Die Ausstellung ist für alle Menschen gedacht.

Um die Aktualität der zugrundeliegenden Fragestellung zu unterstreichen, haben wir zeitgenössische künstlerische Verarbeitungen des Themas integriert. Kunst bietet außerdem vielen Besucherinnen und Besuchern einen leichteren, weil assoziativeren Zugang zu komplexen wissenschaftlichen und textbasierten Reflexionen. Weitaus mehr Künstlerinnen setzen sich mit der Frage nach Religion, Heiligkeit und Geschlecht auseinander, als wir das anfangs angenommen hatten. Leider konnten wir aus Platz- und Kostengründen nur wenige von ihnen vorstellen. Als eine provokante jüdisch-feministische Künstlerin der ersten Stunde durfte aber beispielsweise Judy Chicago mit einer Göttinnenzeichnung zu ihrer legendären *Dinner-Party* nicht fehlen. Ebenso wenig durfte Ursula Beilers verschmitztes Autobahnschild *Grüß Göttin* nicht fehlen, weil es leider überhaupt nicht Augenzwinkern, sondern vielmehr verbale und physische Attacken lostrat. Mit zwei identischen Thronsesseln, die gemeinsam einen einzigen ergeben, ist Ayala Serfati vertreten. Joan Snyder sucht nach den Frauen in der hebräischen Bibel und im Talmud, stellt aber auch die Frauen ihres Familien- und Freundeskreises in die Traditionskette; Yonah Lavery-Yisraeli sucht nach ihren Stimmen in der Männerdomäne des Religionsgesetzes, Ofri Cnaani in der Welt des Chassidismus. Und Jacqueline Nicholls und Rachel Kanter stellen die Frage nach der Weiblichkeit Gottes ganz offen und beantworten sie auch explizit. Die Arbeiten von Fatma Abu Rumi, Khen Shish und Raida Adon schließlich sprengen den Rahmen überkommener Bilder von Geschlecht und Heiligkeit, nicht zuletzt, indem sie die traditionellen Kategorien von ‚männlich‘ und ‚weiblich‘ prinzipiell in Frage stellen.

LWVH: Inwiefern geht es auch allgemeiner um eine Relation von Geschlechterverhältnissen und Religion? Welche Rolle spielt das Verhältnis verschiedener Religionen zueinander?

FH: Die drei monotheistischen Religionen wetteifern um den ersten Platz, wenn es darum geht, welche ihre Frauen am besten behandelt, am meisten ehrt, am weitesten integriert. Man darf sich einfach keinen Sand in die Augen streuen lassen. Wir sind von der Gleichberechtigung weit entfernt. In der christlichen Kirche ist es ja nur die lutherische, die sehr vorsichtig Ende der 1950er Jahre und dann hauptsächlich seit den 1970er Jahren Frauen ordiniert. Mir scheint das Judentum derzeit die fortschrittlichste Tendenz aufzuweisen, wenn es um die Gleichberechtigung von Frauen in der ‚Verherrlichung Gottes' geht. Schließlich wurde die erste Rabbinerin, Regina Jonas (1944 in Auschwitz ermordet), bereits 1935 in Deutschland ordiniert – allerdings mit vielen Vorbehalten. Und dann kam lange nichts. Seit den 1970er Jahren werden Rabbinerinnen ordiniert, allerdings erst seit dem 21. Jahrhundert auch in der Orthodoxie. Und nach wie vor ist den meisten großen Gemeinden der Rabbiner noch immer lieber als die Rabbinerin. Im liberalen Islam gibt es nur wenige Imaninnen; doch auch hier zeichnet sich langsam eine Revolution ab. Immer mehr muslimische Frauen durchlaufen eine entsprechende Ausbildung und fungieren als Vorbeterinnen und Seelsorgerinnen.

LWVH: Leitet die Ausstellung eine politische Idee? Ist *Die weibliche Seite Gottes* eine feministische Ausstellung?

FH: Eine Ausstellung ist in meinen Augen nur gut, wenn sie auch eine Anbindung an gegenwärtige Diskussions-, Themen- oder Problemfelder hat, das heißt, wenn sie gesellschaftspolitisch relevant ist oder (manchmal vielleicht auch erst) wird. Ich sehe unsere Ausstellung nicht unter einem feministischen Aspekt. Die feministische Bewegung ist für mich Teil eines Emanzipationsprozesses, der seine Wurzeln in westlichen Gesellschaftsstrukturen hat. In nichtwestlichen Gesellschaften passt diese Perspektive weniger bis gar nicht. Ich persönlich habe auch immer ein wenig Angst vor Engführungen, die der Feminismus mit sich bringen kann. Die Botschaft dieser Ausstellung ist m. E. auch wesentlich provokanter, als nur Rolle und Möglichkeit von Frauen in patriarchalen Gesellschaften zu thematisieren. Vielmehr wird mit der Frage nach der weiblichen Seite Gottes ja implizit auch die Frage gestellt: Wenn es eine weibliche Seite Gottes gibt, wie viele Seiten Gottes gibt es dann noch? – Für Viele sicher eine sehr bedrohliche Frage.

Ich habe eingangs gesagt, dass unsere Ausstellung keine lineare Beweisführung für die weibliche Seite Gottes versucht, sondern sich eher auf eine Spurensuche begibt. Diese Spurensuche will im Lichte eines in allen drei monotheistischen Religionen wachsenden Fundamentalismus darauf hinweisen, dass die Exklusion einer geschlechtsspezifischen Gruppe vom Gottesbild und seiner Verehrung immer auch auf den Ausschluss aller ‚Anderen' abzielt, die die normierenden Gesellschaften in ihrem Selbstverständnis zu bedrohen scheinen. Alteritätskonstruktionen, die der Exklusion der *weiblichen Seite Gottes* zugrunde liegen, sind Feindbildkonstruktionen, die religiöse Eiferer nicht nur die gemeinsamen Wurzeln vergessen lassen, sondern auch die Hoffnung auf eine egalitäre Gesellschaft zunichtemachen. Insofern ist die Botschaft der Ausstellung eine politisch brisante.

LWVH: Im Jüdischen Museum Berlin ist zeitgleich die Ausstellung *Cherchez la femme. Perücke, Burka, Ordenstracht* zu sehen, in der es um die weibliche Verhüllung in den monotheistischen Religionen geht. Warum ist das Verhältnis der monotheistischen Religionen zu Frauen gerade jetzt ein besonderes Thema?

FH: Ich könnte jetzt zynisch antworten: Weil die Gesellschaften endlich aufgewacht sind und das Potential von 50 % ihrer Wählerschaft erkennen …

Ich glaube, es ist Neugier, Wissenwollen. Wesentliche Fragen haben wir uns bis heute nicht gestellt: Woher stammen Verhüllungsrituale und/oder -vorschriften? Warum akzeptieren Frauen verschiedener Religionen diese Tradition? (Ich glaube, nirgends gibt es ein entsprechendes Religionsgesetz, sondern immer nur kulturellen Usus.) Geht es den Frauen selbst vielleicht um Distinktion? Ist es vielleicht nur modischer Chic? Geht es um Selbstvergewisserung und die Suche nach einer sichtbaren Identität? Wo hört Schutz auf und wo fängt die Repressalie an? Sind Feminismus und Gender Studies zu einer gesellschaftlichen Kraft geworden, die die Hinterfragung dieser Usancen nun zulässt beziehungsweise sogar herausfordert?

LWVH: Was ist für Sie das Interessanteste an der *weiblichen Seite Gottes*? Welche Aspekte sind Ihnen besonders wichtig? Was haben Sie persönlich während der Konzeption der Ausstellung gelernt?

FH: Natürlich hat sich empirisches Wissen und intuitive Vorstellung von der Marginalisierung, wenn nicht gar Ausbeutung und Unterdrückung von Frauen in patriarchal organisierten Gesellschaften einerseits als wissenschaftlich belegbar, andererseits aber auch als unterlauf- und bekämpfbar herausgestellt. Doch das Interessanteste für mich war sicher die Frage elaborieren zu können, wie monotheistisch der Monotheismus eigentlich ist – die Schwächen der monotheistischen Doktrin zu erkennen. Wir glauben ja gerne, dass der Monotheismus die Krone der religiösen Glaubensevolution ist. Was für ein Dünkel!

LWVH: Was ist Ihr Lieblingsobjekt?

FH: Mein Lieblingsobjekt ist der *Ilan Aroch*, der *Lange Baum*. Es handelt sich dabei um eine mystische, kabbalistische ‚Kartografie', die – ich möchte sagen verzweifelt – versucht, die Ordnung, wenn nicht gar die Unordnung der Schöpfung auch in männlich-weiblicher Polarität grafisch darzustellen. Der Ilan basiert auf der kabbalistischen Vorstellung, dass Gott die Welt auf 32 Wegen geschaffen hat, und zwar mittels der zehn Urzahlen und der 22 Buchstaben des hebräischen Alphabets. Die zehn Urzahlen werden im Hebräischen *Sefirot* genannt, das ist der Plural des Nomens *Sefira*, das sich vom Verb *zählen* herleitet. Es sind jedoch nicht einfach ‚Zahlen' gemeint, sondern vielmehr Zahlen als Emanationen Gottes. Die grafische Darstellung der Sefirot und der sie verbindenden Pfade, die mit den 22 hebräischen Buchstaben bezeichnet werden, ergibt eine Baumstruktur, den sogenannten Ilan. Dieser ist quasi ein reduzierter Führer durch die Widersprüchlichkeit der Welt.

LWVH: Welche Reaktion gab es im Vorfeld auf die Ausstellung und welche Reaktionen erhoffen Sie sich von Besucher*innen?

FH: Die meisten Leute waren durchaus interessiert, haben aber gleichzeitig gefragt, was man denn da ausstellen könne. Erhoffte Reaktionen? Staunen und Nachdenken!

COLOUR MEMORY

DANIEL LAUFER

Ich hatte Daniel Laufer gefragt, ob er zur Figur Jalta eine Arbeit für die zweite Ausgabe der Zeitschrift entwerfen würde. Wir sprachen über die talmudische Figur, über die Krüge, ihre Anzahl, deren Bedeutung, darüber, wer Jalta heute sein könnte, wie und ob sie sich heute überhaupt zeigen würde.

Einige Wochen später konnte ich die Arbeit *Colour Memory* einsehen. Es handelt sich um ein Storyboard für einen Film. Eine Frau wird vermisst. Im Verlauf der Geschichte taucht später ein suchender Protagonist auf, der Ich-Erzähler. Wen oder was sucht er? In welche Erinnerung versucht er zurückzukehren?

„Blue. The colour of where you can never go."

Die Frage nach Jalta bleibt offen.

Suchen wir, und versuchen wir (doch) ins Blau vorzudringen.

ANNA SCHAPIRO

An image follows in its own wake: an after-image. An after-image of a text. Grasped in its absence. Always behind itself, trying to catch up. A moment where past and present interpenetrate.

Earlier today a woman went missing from her home where she lived with her father and 6 brothers.
The father of the missing woman is the one who reported it. He stated that he was especially disturbed because he had been angry with her yesterday. She then went to her room and, according to the father, that was the last time anyone saw her. The father is asking anyone who has information on the whereabouts of his only daughter to come forward immediately.

A moment in another colour. An enduring trace. Inscribing an earlier perception onto new objects. The impression the mind receives lasts for about one 50th of a second after the image is removed. Removed again. An infinite multiplicity of becomings.

Walking. Walking backwards into time. Colour memory. The blue of distance. Blue is the light that does not touch us. That doesn't travel. That doesn't travel the whole distance. Light that gets lost on its journey from the sun, it bends the light as it swerves its' journey through the void, getting lost in the distance along the way. Lost light. Oblivious to the passage of time and space.

Recollection tinged with blue. Desert mountain. All four directions meet in one. A pale blue shadow travels with the wind. Wanting to see. Wanting to see an absence. Looking up, opposite a mountain. Desert sounds. Out of the sun. Clouds moving. Wasteland. Passing a path leading off to the side, the road would lead to some habitation. A stretched horizon of silence. Searching. For a long time.

Empty night sky fills the desert valley with city lights. Seeing a star which died aeons ago. The sand of the desert turning into Lead Glass. Secret in ever-widening spirals for thousands of years. A long, winding journey from the Near East through Khazaria and through to Europe. Through forests, wild-life and mazes of cities. Blowing soul into hot glass.

Roofs spring up. Roofs spring up and no room is left for the sky. The vast canyons of cities allowing a single view. One single view. A moment in another colour. Light radiates from everywhere and nowhere. It refracts in the openings of the building. Rays wrap around objects like a veil. Floating in space depending on a light source, variable and volatile. Forms create light, create form create motion. Time elapses between perception and decoding Between retention and retrieval. A Building. A city.

A Moment in another colour. Light radiates from everywhere and nowhere. It refracts in the openings of the building. Rays wrap around objects like a veil. Floating in space depending on a light source, variable and volatile. Forms create light, create form create motion. Time elapses between perception and decoding Between retention and retrieval. A Building. A city.

From afar I could see the city in the mist. The whole quarter was locked down. The fire department guarded the entrances. This one could bring the 47th District to its knees, and maybe the whole city down with it. I'd just waltzed into Jimmy's and ordered a cup of coffee and a few stale donuts. I lay in the corner observing. She glanced and noticed me lying in the corner. She recognized me.

It was a dark day – maybe normal for this time of year, but today the big city felt even darker and more sinister. I woke up. I looked around. I was in my bedroom. That I was sleeping made these locations make much more sense. Previously I had mistaken them for blackouts. Then my eyes closed. The place I was seeing was a sense of a place. After all, up to this point all I had ever done was to wake from dreams. Waking was the most reliable part of a dream. Like Fossilising memories of the past, Appearing only in the recognition of its disappearance. Lasting about one 50th of a second.

This firefighter types another story about the girl in the subway. 214 characters long. He is not aware that this is exactly the same number as his vehicle. Kids playing. Ocean fog. Fishing boats in the sky. Behind the second boat is a sailor his story is covered by fog. In the museum of Memory a canvas of memory.

I shut my eyes. I listen to the sound of the wind. I opened my eyes and found myself somewhere else. It was a dark day – maybe normal for this time of year, but today the big city felt even darker and more sinister. I had little to go on this time ... A skyscraper, towering over the downtown skyline, headquarters to the elite and powerful. I dusted off my jacket, and walked out. The sense of movement. It finally became clear to me that the reason I was being pulled in any direction was because I was in the right place for the memory to begin. When you wake up, you lose a narrative, you lose a story, and you never get it back.

Memories are tinged with blue. Blue. The colour of where you can never go. The colour of where you are not. An image follows in its own wake: An after-image. Grasped in its absence. Always behind itself, trying to catch up. Walking produces a series of images linked by a movement. Images are surrogates for images, enduring beyond their lifespan. Stimulated by quotation. Historical imagination. A reservoir of past events. Accumulating stories. A temporal gap on the surface. A semantic placeholder. The hyphen between after and image. A non-place that replaces the image. The history of the gaze ends where there is an after-image. An afterimage of a film.

2 — ב

DESINTEGRATION

DESINTEGRATION. DAS ENDE DES MYTHOS

REBECCA AJNWOJNER

Ich bin keine Auszeichnung für Deutschland.
Sich desintegrieren heißt, den moralischen
Überfall enttarnen.
Den eigenen Körper, den Geist, das Schaffen
vor dem Schmelzpunkt retten
Und das Begehren der zufälligen Anhäufung,
aus denen sie bestehen, selbst benennen.
Mit Neugier, Ruhe, quasi aus der Not.
Oder auch nicht.
Sich nicht auf den einzig freien Stuhl zu setzen,
sondern mehr Raum zu beanspruchen.
Desintegration ist eine Praxis
der kontinuierlichen Enttäuschung,
Der Sichtbarmachung von Widersprüchen,
aus denen die Realität besteht. Und ich.
Es ist die Unterbrechung dessen, worauf wir
uns geeinigt haben.
Die Frage danach, warum wir die Einigung
brauchten. Weshalb wir mein Anderssein
erfanden.
Alles ist anders vorstellbar als es ist.
Als Frau, als Schwarze, als Jüdin bin ich
niemand. Gleichzeitig jedermann.

GEFÜHLTE WIRKLICHKEIT

TAL ALON

Als die große Einwanderungswelle aus der ehemaligen Sowjetunion nach Israel in den frühen 1990er Jahren ihren Anfang nahm, war ich noch ein Tel Aviver Teenager. Ich erinnere mich an das Murren darüber, dass viele von den Eingewanderten sowohl im privaten als auch öffentlichen Raum weiterhin Russisch gesprochen haben. Wenn sie schon in Israel lebten, dann sollten sie gefälligst Hebräisch sprechen. Damals hat es für mich Sinn gemacht. Jahre später, als ich mit meiner Familie nach Berlin zog, fand ich mich auf der anderen Seite. Viele in meinem Umfeld fragten mich zu meiner Überraschung, warum ich mit meinen Kindern nicht Deutsch spräche, sondern Hebräisch. Die jüdische Tradition besagt: „Urteile nicht über Deinen Freund, bevor Du an seinem Platz bist.“ Die meisten von uns tun es aber doch immer wieder. Erst viel später habe ich begriffen, dass es ein Fehler ist, von Menschen zu erwarten, die migriert sind, sei es aus der Not oder frei gewählt, auch ihre Sprache und Kultur hinter sich zu lassen.

In Deutschland habe ich *Spitz* gegründet, das erste hebräische Magazin nach der Shoah. Hätte ich doch einen Euro bekommen für jedes Mal, wenn ich die Frage gehört habe: „Warum publizieren Sie denn nicht auch auf Deutsch? Auf diese Weise würden Sie viel schneller an die Finanzierung kommen." Ich spreche und lese Deutsch und versuche mich darin zu üben, wie es nur geht. Aber die hebräische Sprache wird für mich trotzdem mein zu Hause bleiben.

Ist *Spitz* ein Projekt der Desintegration? Für mich bedeutet es eher, dass Integration und Desintegration miteinander verflochten sind und in einem Verhältnis zueinanderstehen; einem Verhältnis, das wie ein Tanz von Spannung lebt, gefangen zwischen der eigenen und der neuen (integrierten) Identität. Die Sprache ist ein Ausdruck von diesem Tanz. Integration und Desintegration können sich erst dann gegenseitig ergänzen, wenn sie offen und wechselseitig verhandelt werden. Diese emotionale Intelligenz und Flexibilität scheint jedoch nicht die Stärke der deutschen Kultur zu sein. Vielleicht bietet die Beschäftigung mit Integration und Desintegration die Gelegenheit dazu, diese Fähigkeit zu erweitern.

Aus dem Hebräischen von Marina Chernivsky

KULTURELLE VIELFALT NACH DEN VORLIEBEN DER MEHRHEITSGESELLSCHAFT

AYCAN DEMIREL

In der Erziehung meiner Tochter war ich damit konfrontiert, dass der Anspruch an kulturelle Vielfalt in Berlin von den Vorlieben der Mehrheitsgesellschaft bestimmt wird. Man freut sich, wenn in der Stadt mehr Spanisch oder Französisch gesprochen wird. Aber bei der Suche nach einem Kitaplatz haben wir keine deutsch-türkische Kita gefunden. Es war enttäuschend zu erfahren, dass es in einem Bezirk wie Kreuzberg nur zwei deutsch-türkische Kitas gibt. In Gesellschaft und Politik herrscht weiterhin die Haltung vor, dass die türkische Kultur und Sprache keine besondere Bereicherung für die Stadt sind. Dominant ist die Sorge, dass sich die Förderung türkischer Kultur negativ auf die Berliner Stadtkultur auswirken könnte. Diese Sorge korrespondiert im gewissen Sinne mit dem Sarrazinschen Angstszenarium. Das ist nicht hinnehmbar. Wir können nicht dulden, dass kulturelle Identitäten implizit nach Wünschbarkeit geordnet werden. Ich möchte auch nicht, dass ein ‚Anteil' der Identität meines Kindes – nämlich der türkische – geringer geschätzt wird als der deutsche. Diese Haltung zeigt sich auch in der Bildungspolitik. Meine Tochter besucht eine Grundschule mit gutem Ruf in Nordneukölln, an der Vielfalt großgeschrieben wird. Die Schülerinnen und Schüler kommen mehrheitlich aus muslimischen Familien. Dennoch gibt es keinen islamischen Religionsunterricht, wohl aber evangelischen und katholischen. Ich glaube nicht, dass das ein Zufall ist!

ARROGANZ ESSEN SEELE AUF

DMITRIJ BELKIN

„Desintegriert Euch!" ist der Aufruf zu einer Erneuerung. Die tarantinoesquen Bilder einer Rache an ‚den Deutschen' ergänzen ihn performativ. Desintegration ist ein Versuch, die Klemme einer neuen ‚deutsch-jüdischen Symbiose' zu zerstören – und zwar: Mit den (Dritt)Mitteln des zu zerstörenden Systems. Dieses erfasst auch die Akteur*innen der Desintegration nach bestimmten staatskirchenrechtlichen Kriterien. Es definiert, bemüht empathisch ihr ‚Judentum' mit: Gehören sie ‚dazu?' Haben sie sich für eine Gemeindemitgliedschaft qualifiziert? Einer solchen positiven Inventarisierung möchte das Vorhaben aus dem Weg gehen. Auch die jüdische Pluralität wird in Deutschland in der Regel staatlich gefördert. So dass das Desintegration-Projekt am äußersten Ende einer strukturell legitimierten Loyalität steht. Ein solcher geschützter kreativer Raum bildet einen offensichtlichen Dissens zum angestrebten radikalen Avantgarde-Gestus. Eine ästhetisch tragbare Option für das Desintegrative wäre m. E., sich selbstkritisch und/oder selbstironisch eines solchen immanenten Widerspruchs bewusst zu werden und auf folgende Einstellung zu verzichten: „Stehen wir vor einem inneren Dilemma – gehen wir lieber ‚die Deutschen' bashen". Diese Einstellung führt heute in eine politische und geschmackliche Sackgasse.

DESINTEGRATION

MICHEL FRIEDMAN

Mein Inneres ist eine permanente Reparaturwerkstatt zwischen Integriertem und dem Zweifel daran, dem Widerspruch. Die Desintegration ist eine unaufhaltsame Überprüfung. Nichts bleibt, wie es eben noch war.

Pubertät ist von der Natur als intensivste Desintegration des Menschen installiert. Pubertät ist Umschalten. Neuschalten. Zerstörung der bisherigen Identität, stiftenden Inhalten und Personen. Das Ergebnis: Reife. Unabhängigkeit. Selbstständigkeit. Verzweiflung. Irritation. Vielleicht kurz: Autonomie.

Und dann hoffentlich sehr schnell Revolte. Infrage stellen. Sich selber. Andere. Pubertieren. Kurzes Ausruhen. Ausprobieren. Wieder. Immer wieder. Das Ich besteht aus so vielen Ichs. Kurzzeitigen Wirs. Tief verankerten Mans, die keiner kennt und die so viel Macht ausüben.

Nicht Integration, sondern Emanzipation ist die Hoffnung. Die Mittel: Fragezeichen statt Ausrufezeichen. Dekonstruktion mithilfe des Verstandes. Der Gefühle. Du immer wieder mithilfe der Kunst, in der sich beides bündelt.

Vielfalt schlägt Einfalt. Stört Einfalt. Zwingt zu mehr. Zu anderen. Verschiebt. Mischt neu. Verlässt das Integrierte. Scheitern? Na und.

Weiterkämpfen. In sich. Um sich. Um Dich.

unter uns gesagt ist sprache absonderlich an sich der versuch über die dinge zu sprechen kennt viel verschleiß ist zeit anberaumend und bringt wenn dann ein sinterhäutchen über den gegenstand das sich unter beharrlichem zutun zur rufe steigern mag zu sinter

unter uns gesagt : man kann wort für wort womöglich überallhin biegen die frage ist ob es ganz zu bleiben hat : disinter heißt ein sehr sonderbares tunwort auf englisch : to disinter : to uproot : to dig up : to discover oder ebnen exhumieren das uns die erde zeigt und ihr ausheben : ihren haushalt der rest kommt ex hominibus der apfel fällt nicht weit vom pferd – indem die pointe den baum über dem tier verwirft wird die genealogie ausgesetzt die nachkommenschaft wird an ort und stelle ausgeschieden zu dung zu humus – sie gesellt sich zum menschen an sich kennt keine artgenossenschaft bekennt sich zu den ackerkrumen – dort entdecken wir dort werden wir entdeckt : disintered – mit sinter und rufe : nicht unversehrt aber dennoch

FRANZISKA FÜCHSL

DESINTEGRATION IST EINE DISKOKUGEL

TOBIAS HERZBERG

Desintegration befreit das dialektische Denken aus der Clubwarteschlange der Binarität. Drinnen oder draußen. Post-binäres Denken ist queeres Denken. Queer zu denken bedeutet, Differenzen zu feiern, ohne Ungleichheiten zu verteidigen. Desintegration bedeutet, keiner kommt rein, weil es gar kein Drinnen mehr gibt. Desintegration ist eine Diskokugel, die vermeintlich festgefügte Identitäten in tausend Lichtstrahlen zersprengt. Die Strahlen treffen jeder ein anderes Ziel. Sie blenden, machen sichtbar, ziehen weiter. Eine 360-Grad-Projektion als Veräußerung des zuvor Zusammengedachten. Eine Absage an das Drinnen oder Draußen. Eine Feier. Eine Disko.

JENSEITS DER ZWEI: DESINTEGRATION AUS DER ZWEIGESCHLECHTLICHKEIT

RENÉ_ HORNSTEIN

1. Desintegration

Mein Geschlecht ist nicht binär. Ich desintegriere mich aus dem Genderkonsens. Ich verabschiede mich von der Zumutung, eindeutig männlich oder weiblich lesbar sein zu müssen. Ich lege ein permanentes Veto dagegen ein, dass mein Verhalten, Aussehen, Sein mit Bezug auf binäres Geschlechtlichkeit erklärt oder kommentiert wird.

Menschen erklären sich meine Person mit Referenz auf geschlechtliche Kategorien. Im Entfliehen aus diesen Kategorien verliere ich Verständlichkeit, aber ich kann versichern, dass ich nur begreifbar bin über die Transzendenz des Binären.

2. Utopie

Ich wünsche mir eine Welt, in der Menschen eine große Palette an Handlungsmöglichkeiten haben, ohne dass sie durch strukturell gesellschaftliche Vorgaben, Rollenzuschreibungen oder nahegelegte Pfade eingeschränkt werden. Sei es in Bezug auf ihren geschlechtlichen Selbstausdruck, ihre sexuelle Entfaltung oder ihre berufliche und künstlerische Entwicklung.

Disintegration,
Dissent aggression,
Decent as passion,
Descent is a station,
Design degradation,
Die in negation,
Dissing the nation,
Hysteric placation,
Historic reaction,
Plead a distraction,
Her story's redaction,
Her store is refraction,
Our torah's in traction,
Order's in factions,
Dread our salvation,
Shabesdik bentshn,
A mentsh tsvishn mentshn,
Männchen und Menschen,
Hardly worth a mention,
Forehead of Manson,
Marry a man's son,
May he be handsome,
Paying the ransom,
Take me in hand, son,
Ticking a time bomb,
Dicking the blue Hun,
Miss Bergen-Belsen,
Christening bells rung,
Blistering hell's fun,
Gentilification,
Twisting migrations,
Migraine mutations,
Hamification,
Jewmiliation,
Ass-immolation,
That's integration.

DANIEL KAHN

DES- WAS?

ARKADIJ KHAET

Ich bin desintegriert. Außerdem desinteressiert. Noch dazu desorientiert. Das ging ganz automatisch.

Die Deutschen und ich als Deutscher, sofern ich mich dazu zählen sollte, erfahren die Wirklichkeit unterschiedlich.

Irgendwann zwischen dem dutzendsten und zehntdutzendsten Mal, als ich Schülerlotse spielen sollte zum Thema Juden, Israel und Holocaust, entschied ich mich zur Desintegration. Jüdischer Weghelfer sein ist eine undankbare Aufgabe. Auf der einen Seite: wegen meines Wissensvorsprungs in Sachen Judenkram. Und auf der anderen: weil ich mir den Job nicht ausgesucht habe.

Das sollen dann doch lieber andere machen; aufgestellte oder selbsternannte Gesamtvertreter der deutschen Juden namens Shahak Shapira aka der jüdische Mario Barth oder Dr. Josef Schuster aka: „mein öffentlicher Wortschatz besitzt nur die Wörter: Shoah, Israel und Antisemitismus."

Mir riecht das alles zu sehr nach Knobloch! Um diesen Geruch abzuschütteln, müssen wir schrittweise auflösen, was ein integriertes Ganzes ist. Dafür müssen wir uns desorientieren, um uns neu zu ordnen.

Denn wir sind kein starrer Haufen irgendwo in der Mitte der Gesellschaft. Wir sind deutsch, russisch, israelisch, säkular, liberal, orthodox, links, rechts, l, g, b, t, q, zionistisch und egal. Wir sind desinteressiert, desorientiert und desillusioniert. Wir sind in Berlin und Duisburg, wir sind alles Mögliche zwischen Stammtischler*in und Willkommensklatscher*in. Und wir werden nicht glücklich werden am uns zugewiesenen Platz. Wir sind nicht in Deutschland, um als fremdernannte Juden* in irgendwelchen kleinen Metropolen zwischen AfD-Mandat und Salafistenhochburg das Land zu retten. Wir wollen nicht mehr das Fräulein des deutschen Gewissens sein. Das heißt: Desintegration zur Integration. Nur bitte ohne Deutschtümlichkeit.

Wisst ihr, was ich meine?

VON NATION ZU MIGRATION

MASSIMO PERINELLI

Integration ist die Antwort auf die Kämpfe der Migration. In ihr werden die kollektiven Forderungen nach Rechten und gesellschaftlicher Partizipation in eine individualisierende Gegenforderung übersetzt, die unerfüllbar ist. Damit ist Integration das Gegenteil von Teilhabe. Integration ist ein falsches Versprechen, das fein abgestufte Ausschlüsse produziert. Was wirklich integriert werden soll in das kollektive Unbewusste, ist die Fantasie homogener Gemeinschaft in einer durch Migration herausgeforderten Gesellschaft.

Migration bedeutet die Desintegration national-sozialen Denkens von rechts bis links. Die Kanakisierung der Gesellschaft bis in die feinsten Verästelungen hinein bringt jeden Versuch von Re-Homogenisierung zum Scheitern, auch wenn der Versuch großes Leid erzeugt. Migration desintegriert das Nationale und demokratisiert die gesellschaftlichen Verhältnisse, indem sie die Vorstellung von Bürgerrechten als exklusivem Privateigentum unterläuft. Während Integration eine Entrechtungsmaschine ist, öffnet Migration den Raum für gesellschaftliche Kämpfe um Teilhabe, die für alle anschlussfähig sind und sich damit verallgemeinern lassen.

WÖRTERBUCH DES POLITISCHEN AUFSTANDS

MATTI TRAUßNECK

desintegration : : auflösung

gegenbewegung zur integration
die zugehörigkeit als das _ (andere), das _ (verachtenswerte), das _ (was ohne konsequenz ermordet werden kann), die _ (abweichung, die die stabilität des rests erlaubt).

desintegration der körper

das feuer löst die haut vom gewebe.
lynching.krematorien.oury jalloh

das wasser löst die haut vom gewebe#mittelmeer
der sand löst die haut vom gewebe#wüste

desintegration : : **no border no nation**

des:in:tegr:ation : : neuordnung

aufkündigung, austritt, verweigerung
iamnotyour#nigger#jew#kanake#zigeuner#criminalqueer#..._...

„die lösung heißt gewalt
nach langem zaudern und freundlichem bitten,
bangem warten und ängstlichem hoffen:
es ist zeit uns zu bewaffnen, den guerillakampf zu lernen
und das zwangsregime anzugreifen, anstatt es uns darin gemütlich zu machen

tod&teufel dem hass der hater_innen
pride&power meinen geschwistern auf unsrem planeten
love&peace denen die mit uns gehen“
anonyma

riot :: dialektik der zerstörung

no justice.

no peace.

VOM PARADIGMENWECHSEL – EIN LANGES RINGEN UM EINEN UNVERMEIDLICHEN WANDEL

Oder, warum wir uns so schwer tun gesellschaftliche Veränderungen zu akzeptieren?

ESRA KÜÇÜK

Wenn du deine Identität nur durch ein Feindbild aufrechterhalten kannst, dann ist deine Identität eine Krankheit.

Diese Zeilen hat Hrant Dink verfasst, ein türkisch-armenischer Journalist, der sich wie kaum ein Zweiter für Demokratie und Menschenrechte in der Türkei einsetzte. Vor zehn Jahren wurde er in Istanbul auf offener Straße erschossen. Bis heute ist sein Mord nicht aufgeklärt. Das Zitat steht für mich daher zugleich für das Gegenteil – das fortwährende Bemühen bestimmter Kräfte in einer Gesellschaft, in eine Ideologie, die darauf abzielt, das ‚Wir' und ‚Ihr' aufrechtzuerhalten und notfalls mit Gewalt durchzusetzen.

Die in manchmal großen, manchmal kleinen Portionen dosierte Einsicht, dass wir fortwährend in Gesellschaften des Übergangs leben, macht Menschen Angst. Diese Angst ist es, die reaktionären Bewegungen, die auf ein rückwärtsgerichtetes, anachronistisches und im Kern vormodernes Gesellschaftsmodell abzielen, derzeit Hochkonjunktur verschafft. So gesehen können die vergangenen 60 Jahre auch als eine Geschichte des Ringens um die Anerkennung eines unvermeidlichen gesellschaftlichen Wandels verstanden werden. Dabei haben die eingespielten, von Ablehnung oder Ignoranz geprägten Wahrnehmungsmuster und Reaktionen der politischen Eliten unsere Identitäts- und Gesellschaftsbilder maßgeblich geprägt. Die Weitergabe eines ethnozentrischen und monokulturellen Selbstverständnisses und die fortwährende Verkennung gesellschaftlicher Vielfalt seitens der Politik in den Nachkriegsjahren sind maßgeblich mitverantwortlich für gegenwärtige Narrative und Konfliktlagen.

In Deutschland leben heute etwa 7,8 Millionen ‚Ausländer'.[1] 2015 lag die Nettozuwanderung bei etwa 1,4 Millionen ausländischen

1 Statistisches Bundesamt: *Bevölkerung mit Migrationshintergrund. Ergebnisse des Mikrozensus 2015*. https://www.destatis.de/DE/Publikationen/Thematisch/Bevoelkerung/MigrationIntegration/Migrationshintergrund2010220157004.pdf?__blob=publicationFile (Zugriff am 20.06.2017), S. 7.

Personen.[2] Das ist der höchste jemals gemessene Wanderungsüberschuss von Ausländerinnen und Ausländern in der Geschichte der Bundesrepublik. 21 % unserer Gesellschaft, also etwas mehr als 17 Millionen Menschen, haben mittlerweile einen sogenannten Migrationshintergrund.[3] Bei den Kindern, die derzeit eingeschult werden, ist es bereits jedes dritte Kind. In Großstädten wie Frankfurt am Main waren es 2011 sogar 75 % der Kinder unter 6 Jahren, in Augsburg 61 % und in München 58 %.[4] Ein Blick in die heutigen Klassenzimmer zeigt: Unsere Gesellschaft ist nicht nur vielfältiger geworden – sie ist schon lange vielfältig und sie wird es auch bleiben.

Diese Entwicklung ist eine logische Konsequenz unseres Zeitalters – transnationale Migration ist eine selbstverständliche Begleiterscheinung der Globalisierung. Bemerkenswerterweise sind sich viele Menschen aber seltener darüber bewusst, dass mit der für die deutsche Wirtschaft so produktive Entgrenzung von Märkten nicht nur Waren, sondern ebenso Menschen freier beweglich sind, aber auch Kriege und eine durch den Klimawandel verstärkte und immer größer werdende Ressourcenknappheit dazu führen, dass immer mehr Menschen gezwungen sind, sich auf den Weg zu machen – weil sie sich auf der Flucht befinden oder weil sie nicht mehr an dem Ort leben können, an dem sie bisher gewohnt hatten.

Mitte 2017 befanden sich mehr als 65 Millionen Menschen auf der Flucht – so viele wie noch nie.[5] In den Jahren 2015 und 2016 wurden in Deutschland gut 1,2 Millionen Asylanträge gestellt.[6] Davon erhielten etwa 393.272 Menschen die Rechtsstellung eines ‚Flüchtlings' nach der Genfer Konvention.[7] Diese Entwicklungen werden unweigerlich dazu führen, dass Europa und Deutschland sich weiter verändern – eine Erkenntnis, die seit einigen Jahrzehnten zunehmend auch in gesellschaftliche und politische Debatten Eingang findet. Die Wahrnehmung der Gegenwart ist von der Geschichte der Selbstwahrnehmung der ‚deutschen' Gesellschaft nach 1945 geprägt. Im Folgenden soll daher ein Blick darauf geworfen werden, wie in den letzten 60 Jahren mit diesem Wandel umgegangen und über diesen Wandel nachgedacht worden ist.

2 Statistisches Bundesamt: Nettozuwanderung von Ausländerinnen und Ausländern im Jahr 2015 bei 1,1 Millionen. Pressemitteilung, 21.03.2016. https://www.destatis.de/DE/PresseService/Presse/Pressemitteilungen/2016/03/PD16_105_12421pdf.pdf?__blob=publicationFile (Zugriff am 20.06.2017).

3 Dabei geht es nicht nur um die in Deutschland lebenden Menschen mit anderen Staatsangehörigkeiten, sondern auch um eingebürgerte Deutsche, die nach 1949 in die Bundesrepublik eingewandert sind, sowie in Deutschland geborene Kinder mit deutschem Pass, bei denen sich der Migrationshintergrund von mindestens einem Elternteil ableitet; Statistisches Bundesamt: *Bevölkerung mit Migrationshintergrund*, S. 7.

4 Statistische Ämter des Bundes und der Länder: *Bevölkerung nach Migrationshintergrund regional. Ergebnisse des Mikrozensus 2011.* https://www.destatis.de/DE/Publikationen/Thematisch/Bevoelkerung/MigrationIntegration/Bevoelkerung Migrationsstatus5125203117004.pdf?__blob=publicationFile (Zugriff am 10.07.2017), S. 10–36.

5 Mehr als 65 Millionen Menschen weltweit auf der Flucht. In: *Die Zeit Online*, 19.06.2017. http://www.zeit.de/gesellschaft/zeitgeschehen/2017-06/fluechtlinge-syrien-zahl-rekordhoch-unhcr (Zugriff am 20.06.2017).

6 Bundesamt für Migration und Flüchtlinge: 280.000 Asylsuchende im Jahr 2016. Pressemitteilung, 11.01.2017. http://www.bmi.bund.de/SharedDocs/Pressemitteilungen/DE/2017/01/asylantraege-2016.html (Zugriff am 20.06.2017).

7 Bundesamt für Migration und Flüchtlinge: 2015: Mehr Asylanträge in Deutschland als jemals zuvor. Pressemitteilung, 06.01.2016. http://www.bmi.bund.de/SharedDocs/Pressemitteilungen/DE/2016/01/asylantraege-dezember-2015.html (Zugriff am 20.06.2017).

REAKTIONSMUSTER GEPRÄGT VON IGNORANZ UND ABLEHNUNG Die Sozialwissenschaft geht davon aus, dass 90 % der Gesellschaft wesentliche gesellschaftliche Umwälzungen in Zeiten großer Veränderungen nicht wahrnehmen. Von den restlichen 10 % nehmen 7 % sie zwar wahr, können sie aber nicht mitgestalten, während nur 3 % in der Lage sind, diese Veränderungen zu verstehen und notwendige Maßnahmen zu initiieren und umzusetzen.[8] Ein soziologischer Blick kann sich lohnen, denn er kann einem vor Augen führen, was es eigentlich bedeutet, sich einer gesellschaftlichen Umwälzung gar nicht erst bewusst zu werden, sie zu ignorieren oder abzulehnen. Die Konsequenz für die ‚deutsche' Einwanderungsgesellschaft soll an einem Beispiel aus den Jahren 1991/1992 verdeutlich werden. Zu diesem Zeitpunkt lagen die Zuzüge nach Deutschland mit etwa 1,5 Millionen Menschen sehr hoch. Nach Abzug der Fortzüge verzeichnete die Bundesrepublik zu diesem Zeitpunkt einen Wanderungsüberschuss von etwa 800.000 Menschen, ein Höchststand seit Gründung der BRD. Am 3. Januar 1991, etwa 30 Jahre nach der Unterzeichnung des ersten sogenannten Gastarbeiterabkommens, sagte Helmut Kohl in seiner Regierungserklärung zur 12. Wahlperiode vor dem Deutschen Bundestag:

> *Um das Problem der Flüchtlings- und Wanderungsströme in und nach Europa zu lösen, müssen wir gemeinsam die Ursachen in den Herkunftsländern bekämpfen. Dem dient die Flüchtlingskonzeption, die die Bundesregierung im letzten Jahr vorgelegt hat. Wir müssen uns dabei im Klaren sein, daß wir nicht alle aufnehmen können, die zu uns kommen wollen. Die Bundesrepublik Deutschland ist* kein Einwanderungsland.[9]

Das Kredo „Deutschland ist kein Einwanderungsland" wurde in den darauffolgenden 20 Jahren gebetsmühlenhaft wiederholt – ungeachtet der Tatsache, dass die Zuzüge nach Deutschland in den frühen 1990er Jahren auf einem Höchststand waren und die Bundesrepublik schon seit Mitte der 1950er Jahre eine weitgehend positive Einwanderungsbilanz aufwies.[10] Dieses Auseinandertreten von Realität und Selbstwahrnehmung verweist auf die Trägheit einer Identitätsbildung, die der gesellschaftlichen Dynamik nur langsam Rechnung trug. Es sollte noch weitere 20 Jahre dauern, bis Maria Böhmer, die erste Beauftragte der Bundesregierung für Migration, Flüchtlinge und Integration, Ende 2010 verkündete:

> *Inzwischen sind wir – im Gegensatz zu der lange vertretenen These* – ein Einwanderungsland. *20 Prozent unserer Bevölkerung sind Migranten, da spüren natürlich viele Menschen, dass sich in diesem Land etwas verändert.*[11]

60 Jahre nachdem die ersten ‚Gastarbeiterabkommen' geschlossen wurden, bekennt sich die Bundesrepublik also dazu, ein

8 Dietmar Rost: *Wandel (v)erkennen. Shifting Baselines und die Wahrnehmung umweltrelevanter Veränderungen aus wissenssoziologischer Sicht*. Wiesbaden: Springer VS 2014.

9 Helmut Kohl: Regierungserklärung von Bundeskanzler Kohl zur 12. Wahlperiode des Deutschen Bundestages, 30.01.1991. http://www.helmut-kohl-kas.de/index.php?menu_sel=17&menu_sel2=&menu_sel3=&menu_sel4=&msg=1386/ (Zugriff am 22.06.2017). (Herv. E. K.)

10 Mediendienst Integration: Wanderungsbilanz der Bundesrepublik Deutschland (1950–2015). https://mediendienst-integration.de/migration/wer-kommt-wer-geht.html (Zugriff am 22.06.2017).

11 Gespräch mit Beauftragter Böhmer. „Deutschland ist ein Einwanderungsland". In: *tagesschau.de*, 03.11.2010. https://www.tagesschau.de/inland/mariaboehmer100.html (Zugriff am 22.6.2017). (Herv. E. K.)

Einwanderungsland zu sein. Ironischerweise geschah dies zu einem Zeitpunkt, zu dem Deutschland genau genommen, gar kein Einwanderungsland mehr war (das änderte sich erst mit den Fluchtbewegungen 2015). Der Wanderungssaldo war zu diesem Zeitpunkt etwa ausgeglichen. Man könnte dabei den Eindruck gewinnen, die gesellschaftliche Debatte diene hier nicht einer Anerkennung veränderter Realität, sondern gleiche vielmehr der Hegelschen Eule der Minerva, die sich zum Flug erhebt, nachdem die eigentlichen Umwälzungen bereits stattgefunden haben. Als Resultat sind wir heute mit den Auswirkungen einer Entwicklung konfrontiert, deren Parameter wir nicht bestimmen konnten, weil Andere nicht darüber sprechen wollten bzw. definierten, dass darüber nicht gesprochen werden durfte. Deutschland wäre eben bis 2010 kein Einwanderungsland gewesen.

Wie gehen wir also mit einer veränderten und sich weiter verändernden Gesellschaft um, die einem zunächst erscheinen mag, als wären sie und ihr Selbstbild in ihren Grundlagen erschüttert? Wie begegnen wir als Gesellschaft und als Citoyens gesellschaftlichen Veränderungen bezogen auf eine nationale, religiöse, kulturelle Identität? Noch einmal: Es handelt sich bei dem Befund eines vielfältigen, postmigrantischen, von Einwanderung geprägten Deutschlands nicht um eine neue Entwicklung. Wir sprechen hier von einem postnationalsozialistischen[12] Deutschland, das von Beginn an gesellschaftliche Umwälzungen durchlebte, von einem Land, das mehr als zwölf Millionen Vertriebene aufnahm[13] und auf eine 60-jährige ‚Gastarbeitergeschichte' und eine Wiedervereinigung zurückblicken kann. Damit hat sich die Bevölkerungsstruktur nicht nur demografisch, sondern auch ideell und identitär verändert. Es scheint, als wäre die Gesellschaft erst jetzt dazu in der Lage, diese Entwicklung in einem gewissen Sinne nachholend zu reflektieren. Diese Diskussion bezeichnet man daher als „nachholende Integrationspolitik".[14]

MÜHSAM NÄHRT SICH DAS EICHHÖRNCHEN – DIE KOSTEN NACHHOLENDER INTEGRATIONSPOLITIK Das 60-jährige Ringen um deutsche Migrationsgeschichte – von den Arbeitsmigrationsverträgen 1955 bis zum ‚Sommer der Migration' 2015 – wurde stets von Konzepten begleitet, die den Rahmen definieren sollten, unter dem ein vermeintlich gelungenes Zusammenleben von Menschen unterschiedlicher Herkunft funktionieren könnte. Entlang des Weges wurden unterschiedliche gesellschaftliche Paradigmen aufgestellt, die unser Denken – wie ein gelungenes Zusammenleben auszusehen hat – stark beeinflussten. Das erste prägende Modell, das aufgestellt wurde, trug den Namen ‚Assimilation'.

Das Paradigma der Assimilation postulierte jahrelang, dass ein Zusammenleben nur funktionieren könne, wenn Minderheiten in Deutschland alle ihre Spezifika (Sprache,

12 Vgl. Astrid Messerschmidt: Postkoloniale Erinnerungsprozesse in einer postnationalsozialistischen Gesellschaft – vom Umgang mit Rassismus und Antisemitismus. In: *Peripherie – Zeitschrift für Politik und Ökonomie in der Dritten Welt* 28,109/110 (2008), S. 42–60.

13 Bernd Faulenbach: Die Vertreibung der Deutschen aus den Gebieten jenseits von Oder und Neiße. Zur wissenschaftlichen und öffentlichen Diskussion in Deutschland. In: *Aus Politik und Zeitgeschichte* B51/52 (2002). http://www.bpb.de/publikationen/DTGNTT,0,0,Die_Vertreibung_der_Deutschen_aus_den_Gebieten_jenseits_von_Oder_und_Nei%DFe.html (Zugriff am 10.07.2017).

14 Klaus J. Bade: Versäumte Integrationschancen und nachholende Integrationspolitik. In: Ders. / Hans-Georg Hiesserich (Hrsg.): *Nachholende Integrationspolitik und Gestaltungsperspektiven der Integrationspraxis*. Göttingen: V&R unipress 2007. http://kjbade.de/bilder/Bade_OBS.pdf (Zugriff am 10.07.2017).

Kultur, Gewohnheiten etc.) ablegten und sich vollkommen in der Mehrheit auflösten. Konsequent zielten die Konzepte auf kulturelle, strukturelle, eheliche, identifikative Assimilation der Einwanderergruppen.[15] Erst in den Jahren, in denen die deutschen politischen Eliten langsam anerkannten, dass sie in einem sogenannten Einwanderungsland lebten, kamen schrittweise Konzepte auf, die dieses starre Paradigma aufbrachen. Die neue Vorstellung, die bis heute das Modewort für gesellschaftliches Zusammenleben ist, lautet ‚Integration'.

Einen ersten Schritt markierte die 2000 verabschiedete Reform des Staatsangehörigkeitsrechts unter Bundesinnenminister Otto Schily. Sie ersetzte das alte, zwar vielfach novellierte, aber noch immer stark ethno-national geprägte *Jus sanguinis* (‚Blutrecht', ‚Vererbung von Staatsangehörigkeit') aus dem Reichs- und Staatsangehörigkeitsgesetz von 1913 durch ein bedingtes *Jus soli* (‚Recht des Bodens', Erwerb der Staatsangehörigkeit durch Geburt auf dem Staatsterritorium).[16] Außerdem gestattete das neue Staatsangehörigkeitsrecht in Deutschland geborenen Kindern von Menschen ohne deutschen Pass mit rechtlich gesichertem Daueraufenthalt auf Zeit die doppelte Staatsangehörigkeit – bis zum 23. Lebensjahr, vor dessen Vollendung sie sich für eine Staatsangehörigkeit entscheiden mussten.

2005 folgte als ein weiterer zentraler Schritt die Einführung der neuen Zuwanderungsgesetze.[17] In einem großen Gesetzesentwurf wurden Migrations- und Integrationsrecht verbunden und Integration zu einer staatlichen Aufgabe erklärt. Die Annahme, dass Integration auch eine Aufgabe des „Aufnahmelandes" sei, bedeutete einen großen Schritt vorwärts. Das Zuwanderungsgesetz begleiteten entsprechende Rechte auf Integrationsmaßnahmen und die Schaffung von Bedingungen für gleichberechtigte Teilnahme an den relevanten Bereichen der Gesellschaft. Gegenwärtig definiert das Bundesamt für Migration und Flüchtlinge (BAMF) Integration als „langfristige[n] Prozess", dessen Ziel es sei, „alle Menschen, die dauerhaft und rechtmäßig in Deutschland leben, in die Gesellschaft einzubeziehen".[18]

Spätestens seit 2005 hat ‚Integration' die ‚Assimilation' als migrationspolitisches Paradigma abgelöst. Statt Helmuth Kohls Motto „Deutschland ist kein Einwanderungsland" gilt heute die parteienübergreifende Forderung „Integriert euch!". Dabei sind wir – bis auf ein paar polemische Worte der Kanzlerin – noch weit entfernt davon, mit Klaus J. Bade Integration als „Gesellschaftspolitik für alle"[19] zu begreifen, also auch für die Pegida-Demonstrant*innen zum Beispiel. Das Phänomen, dass Teile der sogenannten Mehrheitsgesellschaft kulturell mit der neuen Identität des Landes nicht mehr Schritt halten können, wird jedoch nicht unter dem Gesichtspunkt von gesellschaftlicher Desintegration

15 Hartmut Esser: *Integration und ethnische Schichtung*. Mannheim: Mannheimer Zentrum für Europäische Sozialforschung 2001, S. 13.

16 Entwurf eines Gesetzes zur Reform des Staatsangehörigkeitsrechts, Drucksache 14/533, 16.03.1999. http://dip21.bundestag.de/dip21/btd/14/005/1400533.pdf (Zugriff am 10.07.2017).

17 Gesetz zur Steuerung und Begrenzung der Zuwanderung und zur Regelung des Aufenthalts und der Integration von Unionsbürgern und Ausländern (Zuwanderungsgesetz), 30.07.2004. http://www.bmi.bund.de/SharedDocs/Gesetzestexte/DE/Zuwanderungsgesetz.pdf?__blob=publicationFile (Zugriff am 10.07.2017).

18 Vgl. BAMF: Glossar. https://www.bamf.de/DE/Service/Left/Glossary/_function/glossar.html?lv3=1504494&lv2=5831826 (Zugriff am 11.02.2017).

19 Klaus J. Bade: Einwanderung und Gesellschaftspolitik in Deutschland – ein Trauerspiel. http://kjbade.de/wp-content/uploads/2015/01/2015-01_einwanderung-und-gesellschaftspolitik.pdf (Zugriff am 10.07.2017).

wahrgenommen und debattiert. Der Erfolg von Pegida macht aber deutlich, dass Integration ein ganzheitlicher Prozess ist und es nicht ausreicht, Neuankömmlinge zur Anpassung aufzufordern und der Bevölkerung, die schon länger hier ist, nicht dieselbe Anpassungsforderung entgegen zu bringen. Verändert sich eine Gesellschaft, müssen alle ihre Teile sich mit diesem Wandel auseinandersetzen, sich diesem Wandel stellen. Dies mag für manche schmerzhaft sein, doch die einzige Alternative ist die derzeit grassierende Realitätsverweigerung. Es ist bemerkenswert, wie in der Debatte um Integration immer wieder dieselben anachronistischen Konzepte hervorgekramt werden. Aktuell erleben wir eine Wiederholung der Leitkulturdebatte (De Maizière – „Wir sind nicht Burka"[20]) – eine Diskussion, deren Spuren von Bassam Tibi über Roland Koch bis in die Gegenwart reichen. Ein Gespenst geht um in Europa – und es trägt eine Burka!

Denn obwohl das alle zwei Jahre veröffentlichte *Integrationsbarometer* vom Sachverständigenrat deutscher Stiftungen für Integration und Migration (SVR) und andere Erhebungen wie die *Transatlantic Trends* immer wieder zeigen, dass Integrationsprozesse von einer Mehrheit der ‚Deutschen' positiv bewertet wird,[21] ist der allgemeine Diskurs über dieses Thema negativ konnotiert. Auch in der Panelbefragung von Wilhelm Heitmeyer (*Deutsche Zustände*) finden sich überraschend positive Aussagen wie: „Es ist besser für ein Land, wenn es eine Vielfalt unterschiedlicher Kulturen gibt", dem 76,8 % der Deutschen 2010 zustimmten.[22] Gleichzeitig zeichnet sich allerdings ab, dass die Grenzen der Vielfalt sich in der öffentlichen Debatte am Thema Islam und Muslime offenbaren.

Wenn Migration nämlich auch Differenz bedeutet, dann scheint der Spaß für viele aufzuhören. Verfolgt man die medialen und gesellschaftlichen Debatten der letzten Jahre – besonders nach dem Erscheinen von Thilo Sarrazins Buch *Deutschland schafft sich ab*[23] –, so wird deutlich, wie sich Stereotypisierungen und Fremdmachung von gesellschaftlichen Minderheiten derzeit in den Zuschreibungen an in Deutschland lebenden Muslim*innen manifestieren. Obwohl Menschen mit muslimischem Glauben nur etwa 5 % der Gesellschaft ausmachen und diese Gruppe viele verschiedene soziokulturelle, ethnische, nationale und konfessionelle Unterschiede in sich vereinigt, zeigen Studien, dass die deutsche Mehrheitsgesellschaft ein sehr negatives Bild dieser religiösen Minderheit hat. So beschreiben 83 % der Befragten einer Allensbach-Umfrage im Mai 2006 den Islam als „fanatisch", 71 % als „intolerant" und 62 % als „rückwärtsgewandt". 91 % der Befragten assoziierten mit dem Islam die Benachteiligung von Frauen.[24] Bei einem Fortbestehen derart negativer Bilder in der Mehrheitsgesellschaft ist weiterhin mit

20 „Wir sind nicht Burka". De Maizières Thesen zur Leitkultur. In: *Bild Online*, 02.05.2017. http://www.bild.de/news/aktuelles/news/wir-sind-nicht-burka-de-maizieres-thesen-51560496.bild.html (Zugriff am 09.06.2017).

21 Naika Foroutan: Wie geht die deutsche Gesellschaft mit Vielfalt um. Das Beispiel Muslime. In: Bertelsmann Stiftung (Hrsg.): *Deutschland, öffne dich! Willkommenskultur und Vielfalt in der Mitte der Gesellschaft verankern*. Gütersloh: Selbstverlag 2012, S. 109–128, hier S. 109.

22 Ebd.

23 Thilo Sarrazin: *Deutschland schafft sich ab: Wie wir unser Land aufs Spiel setzen*. München: DVA 2010.

24 Elisabeth Noelle / Thomas Petersen: Allensbach-Analyse. Eine fremde, bedrohliche Welt. Der Graben zwischen Christen und Muslimen wird tiefer. In: *Frankfurter Allgemeine Zeitung*, 17.05.2006. http://www.faz.net/aktuell/politik/inland/allensbach-analyse-eine-fremde-bedrohliche- welt-1328270.html?printPagedArticle=true#pageIndex_2 (Zugriff am 21.07.2017).

Ungleichbehandlungen zu rechnen – oder, um die Worte des CSU-Vorsitzenden Horst Seehofer aus dem Jahr 2010 zu zitieren:

> *Es ist doch klar, dass sich Zuwanderer aus anderen Kulturkreisen wie aus der Türkei und arabischen Ländern insgesamt schwerer tun. Daraus ziehe ich auf jeden Fall den Schluss, dass wir keine zusätzliche Zuwanderung aus anderen Kulturkreisen brauchen.*[25]

Anhand dieser Ablehnung von Differenz wird deutlich, inwiefern der Begriff *Integration* die Forderung nach *Assimilation* nicht nur ersetzt, sondern in sich aufgenommen hat. Diese Dynamik wird begleitet von einer ähnlichen Verschiebung der Bezeichnung der ‚Anderen' – angeblich Fremden – die sich zu assimilieren oder integrieren hätten – vom Ausländer zum Migranten, vom Menschen mit Migrationshintergrund zum *neuen deutschen Post-Migranten*. Trotz veränderter Taxonomie tut sich die deutsche Gesellschaft also weiterhin schwer damit, anzuerkennen, dass diese Gesellschaft von Vielfalt und Migration, Differenz und Pluralismus geprägt ist.

DEMOKRATIE IST EINE FRAGE DER HALTUNG Das nachholende Ringen um eine de facto bereits seit Jahrzehnten stattfindende Veränderung der deutschen Gesellschaft verdeutlicht: Wie schon vor Jahrzehnten geht es Teilen der Gesellschaft darum, ihr Selbstbild und ihre Gruppenidentität in Abgrenzung zu den ‚Anderen' zu formulieren. Vielleicht ist es schon die Suche nach *der* einen Identität und *der* einen Heimat, die Ausschluss und Abgrenzung erzeugt, die in den aggressiven und rückschrittlichen Debattenbeiträgen und politische Initiativen vonseiten AfD und CSU sichtbar werden. Das eingangs angeführte Zitat von Hrant Dink lässt diese Frage offen.

Bei all dem habe ich den Eindruck, ein Teil der Gesellschaft sagt *Demokratie* und versteht darunter wirklich *gleiche Rechte für alle*. Ein anderer Teil der Gesellschaft spricht von *Demokratie* und *‚abendländischen' Werten* und meint damit *mehr Rechte für die eigene Gruppe*, die sie vorrangig national oder kulturell definieren will. Konnte die Forderung nach nationaler und kultureller Homogenität in den 1950er Jahren noch eine gewisse Gültigkeit beanspruchen (immerhin war die deutsche Gesellschaft gerade gründlich ethnisch und politisch gesäubert worden), mutet sie heute eigentümlich anachronistisch an. Dabei verhalten sich die Anachronist*innen aber zugleich wie ein Kind, das sich beim Ruf zum Zähneputzen die Ohren zuhält und glaubt, was man nicht hört, würde auch nicht geschehen.

Migration ist ein Fakt. Seit 60 Jahren. Selbst wenn es also stimmen sollte, dass sich hier die Zuspätgekommenen auflehnen gegen eine sich faktisch bereits vollziehende und vollzogene Umwälzung der deutschen Monokultur zur Migrationsgesellschaft, geht es zugleich ums Eingemachte. Denn die Minderheiten selbst haben sich in den letzten Jahrzehnten politische Rechte und Positionen erkämpft und fordern nun auch ihre sichtbare Repräsentation ein. Antidiskriminierungsrichtlinien und Diversity-Konzepte sind auf den Weg gebracht worden. Zugleich erstarkt die Gegenbewegung – rassistische Positionen werden offen artikuliert, Sagbarkeitsgrenzen als Political Correctness diffamiert und ihre Machtlosigkeit im Lamento über ihre angebliche Dominanz fortlaufend bewiesen.

25 jba: Horst Seehofer. Kampfansage an Schmarotzer und Zuwanderer. In: *Focus Online*, 09.10.2010. http://www.focus.de/politik/deutschland/horst-seehofer-kampfansage-an-schmarotzer-und-zuwanderer_aid_560515.html (Zugriff am 23.06.2017).

Je mehr Rechte Einwander*innen oder als solche Wahrgenommene und ihre Nachkommen (aber auch andere gesellschaftliche Minderheiten wie z. B. Homosexuelle) einklagen und auch erlangen, umso mehr scheinen diese Abwehrreaktionen zuzunehmen – oder besser gesagt, desto sichtbarer scheinen sie zu werden. Fragen nach Zugehörigkeit und Anerkennung, nationaler Identität, Ressourcenverteilung und Repräsentation, die für eine Weile im Hintergrund gestanden haben, werden nun zu Kampfbegriffen, hinter denen sich diejenigen sammeln, die um ihre Privilegien fürchten. Das Aufkommen neu-alter rechter Diskurse ist eine Chiffre für den Kampf um Hegemonie, wobei alte Vorurteile und Angstkonstellationen reaktiviert und den veränderten gesellschaftlichen Vorzeichen angepasst werden.

Angesichts dieser Schwierigkeiten hilft es mir, mir zu vergegenwärtigen: Demokratie ist nie bequem, ist immer ein Ringen. Und sie ist nach wie vor ein Versprechen, das seiner Einlösung harrt, ein beizeiten anstrengendes Unterwegssein. Denn Demokratie bedeutet nicht bloß Gewaltenteilung, freie, gleiche und geheime Wahlen, sondern auch eine Mehrheitsherrschaft mit Minderheitenrechten. Die Rolle, die man Minderheiten zuweist, sagt daher vielleicht mehr über die Demokratie aus als über die Minderheit. Wenn ich manche von Freiheit reden höre, dann ist damit zumeist weniger die Freiheit der*des Andersdenkenden, Andersgläubigen, Andersaussehenden, Andersliebenden gemeint, sondern die Möglichkeit einer (behaupteten) Mehrheit verbunden, sich selbst (und allen anderen) Regeln vorzuschreiben. Diese neue Realität anzuerkennen, heißt, zu verstehen, dass Konfliktlinien nicht entlang unterschiedlicher Herkünfte verlaufen, sondern zwischen jenen, die eben diese neue – heterogene – Realität anerkennen, und jenen, die das nicht tun.

Ich möchte nicht missverstanden werden: Es geht mir nicht darum, einen Multikulturalismus zu predigen, der in der Vergangenheit häufig nur bedeutet hat, dass der Staat sich unter einer rhetorischen Wertschätzung von Pluralität mit Fragen und Problemen nicht befassen musste, die bei so einer gesellschaftlichen Transformation entstehen. Theodor Heuss hatte schon recht, als er schrieb, dass Demokratie nie bequem sei.[26] Sie bedarf (selbst-)kritischer Menschen. Das gilt für alle Bürger*innen dieses Landes, es gilt aber auch für jene Politiker*innen, die Konzepte für die Gegenwart und Zukunft entwickeln sollen.

Demokratie und Freiheit sind kein Besitz, kein Eigentum, kein Privileg, das man endgültig erreichen oder erlangen kann. Das Grundgesetz ist Beweis dieser Fragilität – gerade wegen der Ewigkeitsklausel, die auch ein Ausdruck von Verzweiflung ist. Denn natürlich ist nichts Menschengemachtes ewig, und Gesetze, das wissen wir zu Genüge, können verändert, ganze politische Systeme, das wissen wir ebenfalls, können umgestaltet werden. Es braucht also mehr als die Einbindung aller zur Wahl ihrer politischen Parteien und Staatsoberhäupter. Es braucht reflektierte und sensible Menschen, die sich der eigenen Verletzlichkeit nicht nur bewusst sind, sondern sie als Ausdruck der *Conditio Humana* verstehen.

Die Veränderungen, die Deutschland in den letzten Jahrzehnten erlebt hat, fordern uns heraus, gemeinsam nachzudenken. Vor dem Hintergrund einer sich pluralisierenden Gesellschaft bedeutet das auch, dass das kollektivitätsstiftende Narrativ ‚deutscher'

26 Vgl. Theodor Heuss: Kräfte und Grenzen einer Kulturpolitik (17.5.1951). In: Ders.: *Die großen Reden*, Teil: Der Staatsmann. Tübingen: Wunderlich 1965, S. 131–165, hier S. 154.

Identität neu gedacht werden muss: Was bedeutet ‚Deutschsein' im 21. Jahrhundert und wie gestaltet man ein gesellschaftliches Narrativ, das Heterogenität einschließt? Ich bin der festen Überzeugung, dass für die Gestaltung einer solchen neuen sinnstiftenden Erzählung nicht nur der Rückgriff auf deutsche Traditionen, sondern ein Zugriff auf die Heterogenität und die Erfahrung von Migration notwendig ist.

Eine solche Werte- und Normendebatte sollte von den jeweiligen persönlichen und gruppenspezifischen Bezugspunkten ausgehen. Aber die Behauptung des ‚Eigenen' darf nicht um den Preis der Abwertung der ‚Anderen' erfolgen. Was es also braucht, ist eine neue – postmigrantische – Perspektive auf ein ‚deutsches Wir', das die empirische Heterogenität und die Geschichten einer pluralen Gesellschaft zu integrieren vermag. Das Nachdenken darüber, ob sich Gesellschaften auf ein übergeordnetes Narrativ zur Gestaltung einer Gemeinschaft einigen können, muss daher die Traditionen von Rassismus und Antisemitismus, Ausschluss und Abwertungen mitdenken und ihnen aktiv begegnen.

Zum ersten Mal in meinem Leben spüre ich die Fragilität, von der das Grundgesetz spricht, konkret. Es ist, als stünden die Kräfteverhältnisse derzeit wieder zur Disposition und müssten neu justiert werden. Noch ist nicht entschieden, wer die Oberhand behalten wird. Aber klar ist: Die postmigrantische Gesellschaft ist eine Realität. Ihr wird man auf die eine oder andere Weise Rechnung tragen müssen. In diesem Zusammenhang scheint es sinnvoller, eher über ein ‚Leitbild' zu sprechen als über eine ‚Leitkultur'. Denn der Begriff *Leitbild* verdeutlicht, dass es sich um einen *politischen Wegweiser* handelt, der auf die Zukunft gerichtet ist, während Leitkultur fast immer auf eine Vergangenheit verweist. Die aktuelle Migration nach Europa erweist sich nicht nur als Beschleunigerin einer Debatte, die wir schon lange hätten führen sollen. Der Umgang mit ihr ist auch ein Gradmesser dafür, ob die ‚deutsche' Gesellschaft wirklich das ist, was sie von sich selbst gerne glaubt zu sein: eine wahrlich *demokratische* Gesellschaft.

STÄNDIG TRANSLATIO

auf spurensuche in der inneren diaspora

MEHDI MORADPOUR

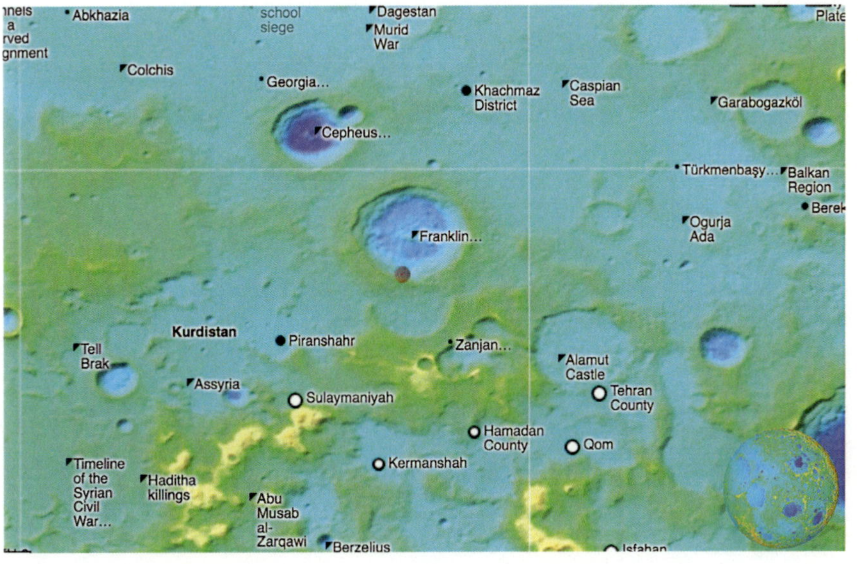

Abb. 1: *37° 49′ 53″ N, 47° 26′ 29″ E.*

sie fahren weiter. das siebenjährige kind schließt seine augen. weitläufige berghänge, mit gräsern und steinen bedeckte steppen, feuchte weizenfelder. er öffnet seine augen. die lider fallen ihm aber wieder zu. die bilder des weges kommen erneut im vorauseilendem gehorsam auf. er weiß, dass sie an schlammigen feldwegen vorbeifahren, an sich windenden bächen, an einsamen feldstraßen mit betonmasten, an deren füßen verrostete scheiben- oder kreiseleggen liegen. die bilder bauen sich selbst auf und dehnen sich so lange, bis sie ineinander übergehen. dieses spiel spielt er immer, wenn sie das dorf seiner eltern besuchen. wenn er seine lider wieder aufmacht, denkt er, werden sich die ungleichmäßig verteilten weißdornen aufdrängen, deren rote beeren er nach dem aussteigen verschlingen wird. hinter ihnen und etwas höher werden die habichte gickern und die rundköpfigen schneegipfel ragen. eine mischung aus begeisterung und befremdung wird durch seinen körper gehen. und er wird sich fragen, was das eigentlich sind, diese berge. vor einem einstöckigen lehmhaus halten sie an. die augen gehen auf. der misstrauische blick einer der beiden robusten hirtenhunde, die zu spielen aufgehört haben, flößt ihm für einige sekunden furcht ein. als würde der hund merken, dass er etwas zu verbergen versucht, sagt er sich.

während er sich darüber freut, dass es sommer ist, denn in sardeha ist es sehr kalt im winter, hört er seine mutter sagen, „hier bin ich geboren, kinder", in ihrer muttersprache, „hier ist auch eure großmutter geboren". es riecht nach pfirsichen, nach cantaloupe-melonen und nach etwas saurem, vielleicht trüffel, denkt er. „steigt aus", ruft die mutter, diesmal in seiner muttersprache. er ist älter als die anderen, also traut er sich hinaus. die hunde wenden ihre blicke ab. er behält sie aber im auge. gegenüber dem haus stehen zwei bäume. ihre spitzwinkligen äste zeigen auf die berge, die rechtwinkligen auf den himmel, „oder gott", rätselt er und fragt sich, ob gott größer ist als die berge. zusammen mit seinen geschwistern läuft er dahin. drei vögel fliegen davon und machen *gijig giig*. danach hören sie ein klägliches piepsen. seine schwester ruft voller aufregung, „das sind die küken der rebhühner". er kennt diesen vogel nicht und bewundert seine jüngere schwester. sie spielen fangspiel und treten dabei auf zahlreiche walnüsse. er nimmt eine von ihnen vom boden auf, entfernt die rissige grüne schale und bricht die braune. während er an der nuss riecht und an das frisch-gebackene fladenbrot mit schafskäse- und walnussfüllung denkt, entfernt sich seine mutter aus seinem blickfeld. sie sollen hineinkommen, hört er sie dann von weitem rufen. zum ersten mal wird ihm bewusst, dass die mutter-sprache seiner mutter eine andere ist als seine. zum ersten mal erkennt er, dass sie seine muttersprache mit akzent spricht. „wenn sie spricht, höre ich zwei sprachen", denkt er und rennt mit einer handvoll nüsse hinter seinen geschwistern ins geburtshaus seiner mutter.

das dorf liegt 1.709 meter über dem meeresspiegel am fuße eines berghangs in der provinz ost-aserbaidschan im nordwesten, 660 kilometer entfernt von teheran. die menschen in dieser region gehören hauptsächlich zu der volksgruppe der aserbaidschaner oder azeri. diese sind eine turksprachige ethnie, die in iran, aserbaidschan, russland, georgien und anderen zentralasiatischen republiken lebt. in einigen regionen werden sie als türken bezeichnet, ihre sprache als türkisch, azeri-türkisch oder aserbaidschanisch. zweisprachigkeit, russisch und persisch (farsi), ist unter ihnen weit verbreitet. im iran leben sie vorwiegend im nordwesten, an der grenze zu armenien und aserbaidschan, in gebieten, die durch russisch-persische kriege im

18. und 19. jahrhundert vom persischen reich abgespalten wurden. *{sar}{deha}* bedeutet auf farsi wörtlich ‚das haupt der dörfer' oder ‚das höchst liegende dorf' (*sar*: haupt, *deha*: dörfer). wenn man die phoneme anders zusammensetzt und das nomen als *{sarde}* plus*{ha!}* ausspricht, dann ergibt sich zufälligerweise der satz: ‚brr, ist das kalt!', *sarde* heißt hier ‚es ist kalt' und *ha* wird zum ausrufewort.

sie fahren weiter. er schließt seine augen, 20 jahre später das selbe spiel. und bilder, die vorauseilen. ein zweigeschossiger gartenpalast, umgeben von arkadengängen, mit einer weiträumigen, mit wandmalereien versehenen halle im erdgeschoss, von der sich in der mitte jeder seite insgesamt vier iwane, loggia-ähnliche räume, zum garten hin öffnen. die zedernholzbalken, die das dach der galerie mit holzrahmen-fenstern im zweiten stock tragen, in dem sich das museum für kalligrafie befindet. er ist nun in qazvin, 180 kilometer westlich von teheran. im rahmen einer studienreise aus europa besucht er mit einigen mitstudierenden aus seinem nebenfach arabistik und einigen aus seinem hauptpfach hispanistik die stadt, in der er einst als 19-jähriger metallurgie studierte. sie fahren mit einem kleinbus zum *chehel-sotun-pavillon*, wörtlich ‚vierzigsäulenpalast'. ein paar hundert meter davor steigen sie vor dem 17 meter hohen torbau ali-qapu, wörtlich ‚hohe pforte', der aus einem kuppelraum mit einer eingangshalle und zwei offenen doppelstöckigen seitenflügeln besteht, aus, um durch eine parkanlage zum museum zu gelangen. auf dem weg dorthin ruft ihn eine kommilitonin zu sich. ob er den auf farsi geschriebenen inhalt der informationstafel neben den flieseninschriften auf azurblauem hintergrund übersetzen könne.

„tati, eine sprache, die heute noch in der provinz qazvin, in iranischem aserbaidschan und in einigen isolierten sprachinseln gesprochen wird, gehört zu den indoeuropäischen sprachen, genauer gesagt zu der nordwestiranischen sprachfamilie. sie gilt allgemein als nachfolgesprache des altaserbaidschanischen, eine mitteliranische sprache, die bis zum 16. jahrhundert in der region aserbaidschan und in angrenzenden gebieten gesprochen wurde. sie war neben persisch, welches als verwaltungs- und kultursprache diente, die hauptsprache der region. altaserbaidschanisch hatte einen starken einfluss auf das aserbaidschan-türkisch, welches in der folge seinen platz in der region einnahm. der iranische einfluss ist noch heute deutlich."

er liest das wort *tati*. sein gedächtnis bemüht sich, etwas mitzuteilen. er erinnert sich daran, des öfteren gehört zu haben, dass die familie seines urgroßvaters mütterlicherseits aus zentralasien oder dem kaukasus stammt. dass die familie seiner mutter in sardeha als ‚*tats/taten* bezeichnet wird, während die familienmitglieder der väterlichen seite *küts/küten* (türkisch für ‚kurden') genannt werden. er erinnert sich, wie dieses thema immer für streit und spott innerhalb der verwandtschaft sorgte. in seinem kopf drängen sich fragen aneinander. die aserbaidschanische sprache, die er immer für eine turksprache gehalten hat, weist iranische und indoeuropäische ursprünge auf? die *tati*-sprache, die er manchmal in qazvin hört und die für ihn wie die sprache der menschen am kaspischen meer klingt, könnte mit der sprache der vorfahren seiner mutter verwandt sein? wenn er für seine tante und seine großmutter aus dem persischen ins türkische übersetzt hat, hat er dann eigentlich aus derselben sprachfamilie übersetzt? er denkt an die reise nach sardeha, den ersten besuch im geburtshaus seiner mutter und die spielenden hunde. für wen spricht er, wenn er spricht? und wer spricht da?

für einen kurzen moment ergreift ihn ein gemenge von gefühlen, die, würde man sie ineinander übersetzen, das jeweils nächste von ihnen transformieren würden. als würde ihn seine sprachliche verfassung entzweien. plötzlich aber empfindet er eine große lust. all diese laute, akzente und rhythmen, all die wortstrahlen, grammatik-gebäude und syntax-gerüste, die ständigen brüche und verbindungen, das endlose spiel aufeinander verweisender signifikanten: wie ein gelage, auf dem es meistens unmöglich ist, die genaue balance zu finden, eine massenhochzeit, auf der sich alle beteiligten querdurch alliieren, trennen und wieder zusammenschließen? ist nicht jede sprache schon mehrsprachig? er fühlt eine loyalität zu all den sprachen, die er spricht, und zugleich eine erleichternde treulosigkeit. er denkt an einen text, den er kürzlich gelesen hat: „der alte biblische mythos kehrt sich um, die verwirrung der sprachen ist keine strafe mehr. das subjekt gelangt zur wollust durch die kohabitation der sprachen, *die nebeneinander arbeiten* [...] das ist das glückliche babel." die kommilitonin, die seine immer wieder kehrende zerstreutheit erkannt und sich weiterbewegt hat, ruft plötzlich und in voller aufregung: „hey! hier ist ein walnussbaum. walnüsse riechen immer nach muttersprache, finde ich."

CONVERSATION WITH MYSELF

DOTSCHY REINHARDT

MICHAELA REINHARDT: Als Sängerin, Komponistin und Autorin nennen Sie neben Frank Sinatra, Django Reinhardt, Marcel Proust und Agatha Christie auch den Pianisten Bill Evans als Inspirationsquelle, aus der Sie schöpfen. Der Jazz-Pianist veröffentlichte 1963 sein Solo-Album *Conversation with Myself*. Es wurde mit dem Grammy als bestes Jazz-Instrumental-Album ausgezeichnet und gehört auch zu Ihren Lieblingsplatten. Was fasziniert Sie gerade an dieser Arbeit von Evans?

DOTSCHY REINHARDT: Abgesehen davon, dass ich alle Platten von Bill Evans mag, schätze ich hier einmal mehr seine Fähigkeit zu einer grundehrlichen, unsentimentalen Selbstreflexion, einer Symbiose zwischen Herz und Verstand. Das Gegenteil von ‚oberflächlich' und ‚plakativ'. Mich haben schon immer Musiker*innen fasziniert, deren Persönlichkeit von ihrer Kunst untrennbar ist, denn sie kommen ohne Selbstinszenierung aus und überzeugen mich mit ihrer Authentizität. Sie sprechen in ihrer ganz eigenen Sprache. Gerade im Showbusiness umwerben Künstler*innen ihr Publikum aufs Peinlichste, wollen gefallen oder einfach nur auffallen. Sie *integrieren* sich bereitwillig in bereits vorhandene, oft von Klischees überladene Vorstellungen und Gefühlswelten der Zuhörer*innen, die kompromisslos reaktiviert und neu inszeniert werden. Man darf als Musikerin, Künstlerin nicht nachgeben, wenn es darum geht, die eigene Identität zu leugnen, nur um den Erwartungen der Mehrheitsgesellschaft zu entsprechen. Selbstbehauptung geht aber mit einem starken Selbstbewusstsein einher.

MR: Kann es sein, dass Sie aus eigener Erfahrung sprechen? Sie sind eine deutsche Sinteza, auch Ihre Familie hat Holocaustopfer zu beklagen. Sinti*zi, die hauptsächlich im Mitteleuropa leben, und Roma*nja aus osteuropäischen Ländern haben jedoch auch schon vor dem Nationalsozialismus eine jahrhundertelange Verfolgungsgeschichte. Wir wirkt sich diese Tatsache auf die Identitätsfindung von Menschen mit einem Romno-Hintergrund aus?

DR: Wir Sinti*zi leben seit mehr als 600 Jahren in Deutschland. Das trifft auf viele andere Bewohner*innen im Land nicht zu und trotzdem werden diese im Gegensatz zu Sinti*zi eher als gleichberechtigte *deutsche* Bürger*innen wahrgenommen. Auch das (Verantwortungs-)Bewusstsein über die Verfolgung und Ermordung der 500.000 Sinti*zi und Roma*nja während des Nationalsozialismus hält sich bei der Mehrheitsgesellschaft in Grenzen. So hat es die junge Bundesrepublik nicht für nötig gehalten, sich in den Freiheitsgedanken der Demokratie zu integrieren. Das Land wurde in einer Alibiaktion allenfalls halbherzig entnazifiziert. Die meisten alten Nazis saßen weiterhin in ihren Ämtern und verwehrten den Opfern die Anerkennung und die damit verbundene Entschädigung. Erst am 17. März 1982 wurde unter dem damaligen Bundeskanzler Helmut Schmidt der Völkermord an Sinti*zi und Roma*nja anerkannt. Viele – meist posttraumatisierte – Sinti*zi versuchten daraufhin, mit ihrer Identität als Angehörige dieser Minderheit abzuschließen, indem sie über ihre Herkunft schwiegen und ihren Kindern kein Romanes – die Sprache der Sinti*zi – mehr beibrachten.

MR: In der Öffentlichkeit erfahre ich nur selten von der Geschichte der Sinti*zi und Roma*nja …

DR: … und das ist kein Zufall! Die Geschichte der Sinti*zi ist weitgehend von Verfolgung, Vernichtung, Ausgrenzung und Ablehnung geprägt. Noch immer bestimmen Vorurteile und Nichtwissen das öffentliche Bild von Angehörigen der größten ethnischen Minderheit Europas. Ungeachtet dessen, dass viele Roma*nja und Sinti*zi in ihren Ländern gut integriert sind und sich in ihrer Lebensweise kaum von der Mehrheitsgesellschaft unterscheiden, wird vielen ihre Herkunft zum Stigma. Sie ziehen sich daher mit ihrer Herkunft in die Anonymität zurück. Denn Benachteiligungen im Alltag sind für Sinti*zi und Roma*nja keine Seltenheit: bei der Wohnungssuche, auf dem Arbeitsmarkt oder im Bildungswesen.

Viele Sinti*zi leben unter dem Druck eines, vielleicht unbewussten, aber dennoch selbst aufgelegten Assimilierungszwangs, man wollte nach außen hin ‚möglichst deutsch' wirken. In meiner Familie war das zum Glück niemals der Fall. Trotzdem wurde mir meine Identität als Sinteza erst nach der Einschulung bewusst: Ich wurde in der Schulklasse als Fremdkörper wahrgenommen. Das empfand ich als sehr anstrengend und manchmal wünschte ich mir sogar, ich würde einfach nur als Deutsche wahrgenommen werden. Dennoch habe ich aus meiner Herkunft, meinem vermeintlich exotischen Musikgeschmack (Jazz) und meinem Wunsch, einmal Sängerin zu werden, nie ein Geheimnis gemacht. Meine Kindheitserinnerungen sind zwiegespalten: Da ist einerseits die heile Familienwelt voller Musik, Liebe und Natur. Die Außenwelt kam mir von jeher befremdlich bis feindlich und kalt vor. Gadje (so nennen wir Sinti*zi alle

Menschen ohne Romno-Hintergrund) waren immer nur die, die meine Musik nicht verstehen konnten oder wollten, oder die mit großen Steinen nach unseren Wohnwägen schmissen, wenn sie diese nicht gar anzünden wollten und uns ‚Zigeunerpack' hinterher fauchten. Der Fairness halber muss ich aber auch die Menschen erwähnen, die sehr wohl an meiner Kultur interessiert waren und mir auf Augenhöhe begegneten und mich sogar förderten.

Im Erwachsenenalter sehe ich, wie wichtig es für mich und meine Schwester war, dass wir Eltern hatten, die uns zu starken Frauen erzogen, die lernten, offen ihre Meinung zu sagen, danach zu handeln und für ihre Ideen und Ziele zu kämpfen. Obwohl, oder vielleicht gerade, weil wir von durch den Holocaust traumatisierten Eltern erzogen wurden, hatten wir das Gefühl von Zuhause mitbekommen, mindestens genauso begabt und wertvoll wie Gadje zu sein.

MR: Sehen sie sich als Künstlerin, Frau und Angehörige in doppelter Hinsicht dazu veranlasst, gegen Klischees anzukämpfen und sich selbst zu behaupten?

DR: Ja, ich habe es als Sinteza nicht nur mit Sexismus im Alltag und in der Unterhaltungsbranche zu tun, sondern gleichzeitig mit einem latenten oder offenen Antiziganismus, der meine Tätigkeiten als Sängerin, Autorin oder Menschenrechtlerin immer wieder hinterfragt. Manche ‚Biodeutschen' implizieren einen Zweifel an meiner Identität als Deutsche und Sinteza.

MR: In welcher Hinsicht hat das einen Einfluss auf Ihre Aktivitäten als Musikerin, Songschreiberin und Autorin?

DR: Ich bin eine Frau, die sich gegen jegliche Rollenzuschreibungen – also auch die Opferrolle – wehrt und sich selbstbewusst positioniert. Ich habe immer darauf bestanden, die inhaltlichen Fragen meiner Arbeit als Musikerin und Autorin selbst zu bestimmen. Und wenn ich Ungerechtigkeit feststelle, knalle ich die Tatsachen auf den Tisch, lege den Finger in die Wunde und benenne Rassismen. Deren Verursacher*innen und Täter*innen ziehe ich nach Kräften zur Rechenschaft. Meine Arbeit entspringt zum großen Teil dem Bedürfnis, gegen Ungerechtigkeit vorzugehen. Denn diese Missstände verursachen mir eine Art Schmerz, der sich in eine Wut wandelt, die mir Antrieb und Energie verleiht. Ich will nicht unbedingt gefällig sein, so ‚deutsch' leben, wie es nur geht, ich bin frei vom dem Zwang, mich in irgendeinen Mainstream zu integrieren. Meine Daseinsberechtigung in der deutschen Gesellschaft muss ich niemandem beweisen, wie auch meine Musik für sich selbst spricht und keiner Erklärungen bedarf. Ich möchte das Land mit meinen Eigenheiten mitgestalten, nicht im grauen Einheitsbrei der Pullunder tragenden Nachkriegsauffassung von deutscher Identität untertauchen.

Ich denke nicht, dass ich Deutschland – außer der Einhaltung des Grundgesetzes – etwas schulde. Im Gegenteil: Deutschland hat in der Vergangenheit vieles versäumt, was die gerechte Teilhabe von Sinti*zi betrifft. Und noch mehr: Deutschland sollte sich einer Verantwortlichkeit gegenüber den südosteuropäischen Roma*nja stellen, die aus der Vergangenheit, aus ihrer Verfolgung während des Nationalsozialismus, resultiert. Das NS-Regime wütete nicht nur in Deutschland, sondern in weiteren elf Ländern Europas und darüber hinaus. Weder werden Kultur, Tradition und Geschichte der Sinti*zi und Roma*nja bis heute ausreichend geschützt oder gefördert noch wird eine Kontingentlösung[1] für die vor Diskriminierung und Verfolgung flüchtenden Roma*nja entwickelt. Im Gegenteil, Fluchtländer werden zu sicheren Herkunftsstaaten erklärt! Dagegen fordere ich, dass die Bundesregierung ihre historische Verantwortung übernehmen und eine politische Regelung für die von Diskriminierung und Verfolgung betroffenen Sinti*zi und Roma*nja in Europa finden sollte. Die Realisierung der demokratischen Grundgedanken ist notwendig und bislang unerfüllt.

MR: Ist diese Forderung nach konkreter politischer Veränderung auch der Grund, weshalb sie in die SPD eingetreten sind?

DR: Ich war zeitlebens gegen alle Parteien und ich habe nicht daran geglaubt, dass Einzelne dort großartig etwas ausrichten können. Vielleicht bedeutet es für eine Sängerin eine noch größere Überwindung, ihre Stimme jemandem zu geben, den sie nicht kennt oder dem sie nicht vertraut. Aber dann kam der Tag, an dem ich mitansehen musste, wie die AfD erste Erfolge feierte und die Nazis als ‚besorgte Bürger' in der Mitte der Gesellschaft eine Plattform bekamen. Da habe ich verstanden, dass Minderheiten in Deutschland gemeinsam mit ihren deutsch-deutschen Verbündeten für ihre Deutungshoheit über Rassist*innen kämpfen müssen.

Darum bin ich in die SPD eingetreten, zumal ich in meinem Wahlbezirk, Berlin-Mitte, eine linke SPD vorfand und dort ‚ehrliche Seelen' kennen gelernt habe, zu denen ich schon bald ein Vertrauensverhältnis aufbauen konnte. Mittlerweile bin ich auch mit Vertreter*innen anderer Minderheiten vernetzt, die für unsere Demokratie einstehen und klarmachen, dass das Bild von Deutschland nicht nur aus ‚Biodeutschen' und deren Vorurteilen gegen alles, was ihnen ‚fremd' oder ‚undeutsch' erscheint, besteht. Das Deutschland der Gegenwart wird von allen Bewohner*innen dieses Landes bestimmt und durch deren Kulturen bereichert. Dabei denke ich global, nicht nationalistisch. Eine Gesellschaft zu schaffen, in die sich national gerichtete Menschen zu *integrieren* haben, das ist doch erstrebenswert.

---

1 Siehe hierzu die Petition des Bundes Roma Verbands in der vorliegenden Ausgabe.

MR: Sie sind Vorsitzende des Landesrats der Roma und Sinti, RomnoKher Berlin-Brandenburg e. V. Weshalb sahen Sie sich dazu veranlasst, neben all ihren anderen Aktivitäten auch noch einen Verein zu gründen?

DR: Ich hatte den Wunsch, zusammen mit anderen Sinti*zi und Rom*nja auf politischer Ebene nachhaltige Strukturen für alle Menschen mit Romno-Hintergrund, die in Berlin leben, zu schaffen. Der Empowerment-Gedanke spielt dabei eine große Rolle. Die Grundlage der Kommunikation zwischen Minderheit und politischer Elite soll auf ein angemessenes Niveau gehoben werden, sodass Kommunikation zwischen Minderheit und Mehrheit auf Augenhöhe möglich wird. Es ist Zeit, dass Themen, die autochthone Sinti*zi oder nicht autochthone Rom*nja betreffen, von den Betroffenen selbst mitbestimmt werden. Einer paternalistischen Handhabe der Behörden und Entscheidungsträger*innen und der daraus folgenden Fremdbestimmung von Menschen mit Romno-Hintergrund soll damit vorgebeugt bzw. entgegengewirkt werden. Der Landesrat versteht sich als Koordinationsstelle für Angelegenheiten der gerechten Teilhabe zwischen Minderheit und Mehrheitsgesellschaft. Das klingt vielleicht für den Anfang zu ambitioniert, aber immerhin sind wir mit unseren Forderungen augenscheinlich auf offene Ohren und Herzen bei der neuen Berliner Regierung gestoßen. Laut Koalitionsvertrag von Rot-Rot-Grün soll der Austausch auf Augenhöhe in der Rahmenvereinbarung zwischen dem Land Berlin und dem Landesrat der Roma und Sinti RomnoKher Berlin-Brandenburg e. V. festgehalten werden.

Aber es geht uns nicht nur um gute Zusammenarbeit, sondern auch um ein klares Signal: Nämlich, dass man von Menschen keine Integration verlangen kann, solange man diesen nicht ein Recht auf Mitsprache gewährt. Integration ist auch nicht von den deutschen Sinti*zi zu erwarten, die seit Jahrhunderten in Deutschland leben. In was genau sollten Sinti*zi sich überhaupt integrieren? Ein differenzierter Diskurs ist nötig, um mehr Verständnis auf beiden Seiten zu erreichen. Das fängt schon bei der Aufklärung von Jugendlichen an. Der Landesrat der Roma und Sinti, RomnoKher Berlin-Brandenburg e. V. sieht sich in der Pflicht, das Gedenken an die im Nationalsozialismus verfolgten und ermordeten Sinti*zi und Roma*nja mit einer zukunftsweisenden Erinnerungsarbeit lebendig zu erhalten. So setzt sich unser Verein dafür ein, das Leben von verfolgten Menschen und im Nationalsozialismus verfolgten Sinti*zi und Roma*nja im Stadtbild in Form von Mahntafeln, die vor den ehemaligen Wohnorten der Berliner*innen aufgestellt werden, sichtbar zu machen. So leiteten wir in Zusammenarbeit mit der Stiftung Denkmal für die ermordeten Juden Europas ein Rechercheprojekt zur Lokalgeschichte von Sinti*zi und Roma*nja in Berlin ein.

MR: Wie sind Ihre Pläne für die Zukunft?

DR: Derzeit arbeite ich an meiner neuen CD. Parallel dazu bin ich mit Recherchen für ein neues Buchprojekt beschäftigt. Es befasst sich mit Charlie Chaplins Geheimnis, denn angeblich soll der berühmte Schauspieler von Sinti*zi aus Birmingham abstammen. Dazu kommen Auftritte und Lesungen sowie die Planung und Durchführung des *Politischen Salons*, einer Veranstaltungsreihe des Landesrats in Kooperation mit der Landeszentrale für politische Bildung.

MR: Woher nehmen Sie die Kraft, all diese Themenfelder gleichzeitig zu bespielen, ohne sich selbst in die Quere zu kommen?

DR: Ich versuche mich körperlich und vor allem seelisch fit zu halten. Letzteres erachte ich sogar als noch wichtiger. Ich sammle und finde mich in meiner Verbundenheit zu Gott und vermeide schlechte Einflüsse, versuche die Dinge mit Humor zu ertragen und mache nichts gegen meine Überzeugung. Schon als Kind habe ich mich geweigert, etwas zu tun, was ich für sinnlos hielt. So halte ich es heute noch im Beruf wie auch privat. Das klingt jetzt wenig romantisch, zugegeben, ich bin ein zielorientierter Mensch.

MR: Letzte Frage, und ich bedanke mich jetzt schon dafür, dass Sie sich so viel Zeit für die Beantwortung meiner Fragen genommen haben. Warum haben Sie zwei verschiedene Vornamen und mit welchem identifizieren Sie sich am meisten?

DR: „Michaela“ steht im meinem Pass, die meisten Sinti*zi meiner Elterngeneration wählten ‚möglichst Deutsch klingende‘ Vornamen für ihre Kinder aus. Vielleicht auch deshalb, damit es nicht ersichtlich ist, dass ihre Kinder Sinti*zi sind? Trotzdem mag ich meinen ‚deutschen‘ Namen, denn er regt mich dazu an, die Sicht der Mehrheitsgesellschaft auf unsere Minderheit, die ‚deutsche Perspektive‘, in Betracht zu ziehen. Aber die meiste Zeit bin ich viel lieber Dotschy.

RADICAL DIVERSITY UND DESINTEGRATION

Bausteine eines künstlerisch-politischen Projekts

MAX CZOLLEK / CORINNE KASZNER / LEAH CAROLA CZOLLEK / GUDRUN PERKO

Integration ist in der öffentlichen Debatte der Begriff der Stunde. Kein Parteiprogramm, das ihm nicht eine zentrale Stellung einräumt. Keine mediale Diskussionsrunde über Migrant*innen, in der der Begriff nicht zu einem Marker der Probleme mit ‚den Anderen' würde. Aber was genau bedeutet Integration eigentlich? Was bedeutet Inklusion? Und inwiefern könnten Konzepte des Radical Diversity und der Desintegration einen Paradigmenwechsel andeuten?

INTEGRATION ALS MARKER DER PROBLEME MIT DEN ANDEREN Das Bundesamt für Migration und Flüchtlinge (BAMF) definiert Integration als „langfristige[n] Prozess", dessen Ziel es sei, „alle Menschen, die dauerhaft und rechtmäßig in Deutschland leben, in die Gesellschaft einzubeziehen"; während Zugewanderten „eine umfassende und gleichberechtigte Teilhabe in allen gesellschaftlichen Bereichen ermöglicht werden" solle, stünden diese wiederum „in der Pflicht, Deutsch zu lernen sowie die Verfassung und die Gesetze zu kennen, zu respektieren und zu befolgen".[1] Dieser normativen Definition kann die eher empirisch orientierte Definition des Zuwanderungsrats beigestellt werden, die auch einer 2015 vom Sachverständigenrat deutscher Stiftungen für Integration und Migration veröffentlichten Studie zu Schulbüchern und Migrationsgesellschaft zugrunde liegt. Integration wird hier bestimmt als

> *messbare Teilhabe von Menschen mit und ohne Migrationshintergrund an den zentralen Bereichen des gesellschaftlichen Lebens wie z. B. frühkindliche Erziehung, schulische Bildung, berufliche Ausbildung, Zugang zum Arbeitsmarkt, Teilhabe an den rechtlichen und sozialen Sicherungs- und Schutzsystemen, bis hin zur (statusabhängigen) politischen Teilhabe.*[2]

Integration als empirischer Begriff versucht hier, das Maß an gesellschaftlicher Teilhabe zu erfassen, wobei mehr Integration mehr Teilhabe bedeutet.

1 Die Definition findet sich im Glossar des BAMF. https://www.bamf.de/DE/Service/Left/Glossary/_function/glossar.html?lv3=1504494&lv2=5831826 (Zugriff am 11.02.2017).

2 Klaus J. Bade / Jochen Oltmer: *Normalfall Migration. Deutschland im 20. und frühen 21. Jahrhundert*. Bonn: bpb 2004, zit. n. Beauftragte der Bundesregierung für Migration, Flüchtlinge und Integration (Hrsg.): *Schulbuchstudie Migration und Integration*. Berlin: Selbstverlag 2015, S. 11.

Gegenwärtigen Integrationsdiskursen liegt eine Annahme darüber zugrunde, wer sich in was genau zu integrieren hat. Der Forderung nach Integration ist also der Unterschied zwischen ‚Wir' und ‚Ihr', zwischen ‚Autochthonen' und ‚Fremden' eingeschrieben, die über Mechanismen des Othering zu Anderen im negativen Sinne gemacht werden. Statt Integration als „Gesellschaftspolitik für alle"[3] zu begreifen, wie es Klaus Bade und Jochen Oltmer vorschlagen, fungiert Integration vielmehr als Forderung an als ‚Migrant*innen' bezeichnete Menschen. Werden jedoch Menschen, deren Eltern aus Israel, der Türkei oder dem Senegal stammen, nicht auf dieselbe Weise als Deutsche* anerkannt wie Menschen, deren Eltern in Deutschland geboren sind, so deutet dies auf einen Mangel im Umgang mit Diversity (Vielfalt in Bezug auf Macht- und Herrschaftsdifferenzen) hin. In diesem Sinne bildet die Debatte um Integration den mangelhaften Zustand der deutschen Einwanderungsgesellschaft ab.

Es wird also schnell deutlich, dass dem Integrationsparadigma – ähnlich dem um die Jahrtausendwende geprägten und von konservativen und rechten Politiker*innen übernommenen Begriff der „Leitkultur"[4] – ein implizit nationaler Erwartungshorizont an die als ‚Fremde'/‚Asylanten'/‚Ausländer'/‚Migranten'/‚Flüchtlinge' markierten Anderen zugrunde liegt. Diesen Erwartungshorizont beschreibt Birgit Rommelspacher aus sozialwissenschaftlicher Perspektive mit dem Begriff der „Dominanzkultur" als Kategorie für Ausgrenzungs- und Diskriminierungsformen.[5] Im Integrationsdiskurs setzt die Dominanzgesellschaft und -kultur (die nicht notwendig eine Mehrheit repräsentiert), eingebettet in Macht- und Herrschaftsverhältnisse, den Rahmen für die diskursive und materielle Teilhabe diskriminierter Gruppen. Das Urteil über gelungene Integration ist dabei ebenso vonseiten der Dominanzkultur bestimmt wie etwa das Bild der ‚guten Juden'. Letzteres formiert sich vor dem Hintergrund eines deutschen Erinnerungsdispositivs, also der spezifischen Rahmenbedingungen, innerhalb derer Juden* in einer deutschen, „postnationalsozialistischen"[6] Gesellschaft in Erscheinung treten können. Der Begriff der Dominanzkultur geht davon aus, dass die Teilhabe von Menschen am öffentlichen Raum und an gesellschaftlichen Ressourcen strukturiert wird durch Zuschreibungen, Erwartungen und ein spezifisches Begehren. Die bestimmte und begrenzte diskursive und materielle Teilhabe wird begleitet von einer ungleichen Zuweisung gesellschaftlicher Anerkennung und materieller Ressourcen. Entsprechend werden im Integrationsdiskurs auch jene diskursiv-politischen Positionen bestimmt, die für einen jeweiligen Identitätsentwurf als ‚Muslim*a', ‚Postmigrant*in' ‚Jude*' etc. zur Verfügung stehen. In Bezug auf Juden*

3 Bade / Oltmer: *Normalfall Migration*, S. 11.

4 Die Debatte um eine deutsche Leitkultur hat am 2. Mai 2017 eine weitere Aktualisierung erfahren, als Innenminister Thomas de Maizière in der *Bild am Sonntag* seine zehn Thesen zur Leitkultur präsentierte (vgl. „Wir sind nicht Burka". De Maizières Thesen zur Leitkultur. In: *Bild Online*, 02.05.2017. http://www.bild.de/news/aktuelles/news/wir-sind-nicht-burka-de-maizieres- thesen-51560496.bild.html (Zugriff am 09.06.17)). Drei der Herausgeber*innen von *Jalta* meldeten sich darauf in der *taz* zu Wort (vgl. Lea Wohl von Haselberg / Max Czollek / Hannah Peaceman: Gegen die deutsche Einheit. In: *taz*, 09.05.2017. https://www.taz.de/!5403929/ (Zugriff am 09.06.2017)).

5 Vgl. Birgit Rommelspacher: *Dominanzkultur*. Berlin: Orlanda 1995.

6 Vgl. Astrid Messerschmidt: Postkoloniale Erinnerungsprozesse in einer postnationalsozialistischen Gesellschaft. Vom Umgang mit Rassismus und Antisemitismus. In: *Peripherie – Zeitschrift für Politik und Ökonomie in der Dritten Welt* 28,109–110 (2008), S. 42–60.

findet dieses Begehren in der Dynamik von Versöhnung, Mahnung und Entlastung seinen Ausdruck. Nur über den Umweg dieses „Gedächtnistheaters"[7] wird den teilnehmenden Akteur*innen also soziale und materielle Anerkennung zuteil.

VOM INTEGRATIONS- ZUM INKLUSIONSPARADIGMA Eine kritische Betrachtung des Integrationsparadigmas ist nicht neu. Sie findet sich in Deutschland bereits im Kontext der sogenannten Ausländerpädagogik der 1970er Jahre. Aus einer defizitorientierten Perspektive sollten Gastarbeiter*innen – und vor allem deren Kinder – in die deutsche Gesellschaft integriert werden. Die Ausländerpädagogik wurde in den 1980er Jahren durch die Interkulturelle Pädagogik und Interkulturelle Soziale Arbeit abgelöst, die ressourcenorientiert geprägt waren, d. h. bei den vorhandenen Ressourcen der Adressat*innen ansetzten. In den 2000er Jahren führte dies schließlich zur Differenzierung von Integration und Inklusion, aber auch Teilhabe und Partizipation, und damit zur weiteren Ausdifferenzierung unterschiedlicher Konzepte wie das der Rassismuskritischen Pädagogik[8] oder diskriminierungskritischen Ansätzen.[9] Während der Integration als *In-etwas-hinein* immer noch Anpassungsstrukturen und das Aufgeben des eigenen So-Seins anhaften, wird Inklusion verstanden als die Möglichkeit des Einschlusses bislang ausgeschlossener Akteur*innen in (Sub-)Systeme wie Wirtschaft, Politik, Erziehung, Wissenschaft, Bildung etc.[10] oder, mit Rekurs auf Pierre Bourdieu, als eine vollständige gesellschaftliche Teilhabe und als Gelingen gesellschaftlicher Solidarität.[11] Grob formuliert, geht – im Kontext dieses Diskurses – das Integrationsparadigma von einer Dominanzgesellschaft aus, in die andere integriert werden (können), während der Gedanke der Inklusion auf eine Ausweitung der zu inkludierenden Gruppen zielt.

Trotz der unterschiedlichen Ansatzpunkte und Sichtweisen bleibt in beiden Fällen, also im Integrations- wie im Inklusionsparadigma, ein *radikales* Denken ausgespart: ein Denken, das über eine bloße Erweiterung der Teilhabe an bereits bestehenden Strukturen hinausgeht, hin zu einem Radical Diversity.

EIN PARADIGMENWECHSEL: RADICAL DIVERSITY

Die Entwicklung des Radical Diversity[12] steht im Zusammenhang mit dem von Leah Carola Czollek, Gudrun Perko und Heike Weinbach

7 Y. Michal Bodemann: *Gedächtnistheater. Die jüdische Gemeinschaft und ihre deutsche Erfindung*. Hamburg: Rotbuch 1996.

8 Vgl. Paul Mecheril: *Einführung in die Migrationspädagogik*. Weinheim/Basel: Beltz Juventa 2004.

9 Vgl. Leah Carola Czollek/Gudrun Perko/Heike Weinbach: *Praxishandbuch Social Justice und Diversity. Theorien, Training, Methoden, Übungen*. Weinheim/Basel: Beltz Juventa 2012; Gudrun Perko: Social Justice im Zeichen von Diversity, Pluralität und Perspektivenvielfalt. Philosophische Grundlagen für eine *diskriminierungskritische* Soziale Arbeit. In: Dies. (Hrsg.): *Philosophie in der Sozialen Arbeit*. Weinheim/Basel: Beltz Juventa 2017, S. 48–70.

10 Vgl. Niklas Luhmann: *Die Gesellschaft der Gesellschaft*. 2 Bde. Frankfurt am Main: Suhrkamp 1997.

11 Vgl. Rudolf Stichweh: *Inklusion und Exklusion. Studien zur Gesellschaftstheorie*. Bielefeld: Transcript 2005; ders./Paul Windolf (Hrsg.): *Inklusion und Exklusion. Analysen zur Sozialstruktur und sozialen Ungleichheit*. Wiesbaden: VS 2009.

12 Vgl. Leah Carola Czollek/Gudrun Perko: Diversity in außerökonomischen Kontexten. Bedingungen und Möglichkeiten seiner Umsetzung. In: Anne Broden/Paul Mecheril (Hrsg.): *Re-Präsentationen. Dynamiken der Migrationsgesellschaft*. Oldenburg: IDA 2007, S. 161–181. http://bieson.ub.uni-bielefeld.de/volltexte/2007/1105/html/index.html (Zugriff am 20.04.2017); Leah Carola Czollek/Gudrun Perko/Heike Weinbach: Radical Diversity im Zeichen von Social Justice. Philosophische Grundlagen und praktische Umsetzung von Diversity in Institutionen. In: María do Mar Castro Varela/Nikita Dhawan (Hrsg.): *Soziale (Un)Gerechtigkeit. Kritische Perspektiven auf Diversity, Intersektionalität und Antidiskriminierung*. Berlin: Lit 2011, S. 260–277.

entwickelten diskriminierungskritischen Ausbildungs- und Trainingskonzept *Social Justice und Diversity*[13]. Dieses ist geprägt von einem pluralen Denken, welches einer – zumindest implizit – zentralistischen Konzeption von Gesellschaft das Modell radikaler Vielfalt entgegenstellt. Mit dem Konzept des Radical Diversity werden

> *ein gesellschaftliches Phänomen und eine Praxis beschrieben, in der es um die Veränderung homogener Institutionen und Praxen hin zur Verschiedenheit, Vielfalt, Heterogenität in ihrer Komplexität geht* [...]. *Diversity selbst würde so zum Mainstream.*[14]

Gesellschaft ist geprägt durch strukturelle Diskriminierung als Verwobenheit individueller, institutioneller und kultureller Praxen, die durch Ausbeutung, Exklusion, Gewalt, Marginalisierung und/oder Kulturimperialismus charakterisiert sind. Über (zugeschriebene) Kategorien, die oftmals zusammenwirken (Intersektionalität), werden bestimmte Menschen struktureller Diskriminierung ausgesetzt (z. B. Antisemitismus, Homomiseoismus, Transmiseoismus, Ageismus, Ableismus, Rassismus, Migratismus, Klassismus, Sexismus). Der Ansatz des Social Justice und Diversity geht davon aus, dass *jeder* Mensch auf unterschiedliche Weisen gesellschaftlich privilegiert *und* diskriminiert sein kann, dass also eine einfache Formel der Diskriminierenden auf der einen Seite und der Diskriminierten auf der anderen Seite den komplexen Verhältnissen von Macht- und Herrschaftsstrukturen nicht gerecht wird.

Radical Diversity entsteht dort, wo wir einen Blick für die Vielfalt dieser möglichen Diskriminierungen und Verortungen entwickeln, wo wir offen sind auch für die Möglichkeit, dass wir noch keine Begriffe und Bilder für all diese Formen gefunden haben. Diese Offenheit bildet wiederum die Basis für Bündnisse und für ein Verbündet-Sein,

> *der politischen Freundschaft, wo die Anliegen der Anderen die je eigenen Anliegen sind. Dabei ist kein identitäres Wir, sind keine identitätslogischen Merkmale als Bedingung für ein Verbündet-Sein gegeben.*[15]

Verbündet-Sein zielt auf die Schaffung neuer Allianzen auf der Grundlage des Anerkennens der radikalen Vielfalt möglicher gesellschaftlicher (Selbst-)Verortungen und den damit verbundenen Forderungen, wie man sein und leben möchte. Selbstredend sprechen wir von Radical Diversity im Kontext referenzieller Rahmen wie der UN-Menschenrechtskonvention und Politiken der Anerkennung.

Die große Herausforderung besteht indes darin, nicht aus dem Blick zu verlieren, dass wir es mit konkreten *Herrschaftsverhältnissen* zu tun haben, dass mit Diversity also keine bloße Betonung ‚(kultureller) Vielfalt' gemeint ist. In den Worten Hannah Arendts: „Wenn man als Jude angegriffen ist, muss man sich als Jude verteidigen."[16] Das Konzept des Radical Diversity geht davon aus, dass

13 Vgl. Czollek/Perko/Weinbach: *Praxishandbuch Social Justice und Diversity*.

14 Perko/Czollek: Diversity in außerökonomischen Kontexten, S. 166.

15 Gudrun Perko/Leah Carola Czollek: Das Konzept des Verbündet-Seins im Social Justice als spezifische Form der Solidarität. In: Anne Broden/Paul Mecheril (Hrsg.) *Solidarität in der Migrationsgesellschaft. Befragung einer normativen Gruppe*. Bielefeld: IDA 2014, S. 153–167, hier S. 153.

16 Hannah Arendt: Fernsehgespräch mit Günter Gaus. In: Dies.: *Ich will verstehen. Selbstauskünfte zu Leben und Werk*. München: Piper 1996, S. 44–70, hier S. 57.

eine Selbstdefinition nur in Auseinandersetzung mit entmachtenden, zuschreibenden und ökonomisch ent-privilegierenden Strukturen, die uns immer vorausgehen, entstehen kann. Dennoch, oder gerade deshalb, ist das Ansetzen bei Radical Diversity hierfür zentral: auf der Ebene der Repräsentation als Wahrnehmen und Anerkennen vielfältiger Verortungen, welche niemals in ‚Wir'-,Ihr'-‚Sie'-Schemata aufgehen; auf der Ebene des Handelns als gemeinsame Praxen von Menschen, die ihr So-Sein nicht aufgeben müssen, um eine politische Perspektive zu formulieren;[17] auf der Ebene der Allianzen als Verbündet-Sein, welches sich jenseits des Zelebrierens unterschiedlicher ‚Identitäten' und daraus vermeintlich folgender ‚Bedürfnisse' erst den Herrschaftsstrukturen als Problemen annehmen kann.

DESINTEGRATION UND RADICAL DIVERSITY Ein Versuch, die Konzeption des Radical Diversity auch in den ästhetisch-gesellschaftlichen Diskurs einzuspeisen, stellt die *Desintegration* dar. Unter dem Begriff wird seit 2016 eine Reihe von Interventionsstrategien am Maxim Gorki Theater erprobt und verfeinert, die sich einer Kritik und Neuverortung jüdischer Positionen im gesellschaftlichen Diskurs widmet. In einer Folge von Versuchsanordnungen gingen die Künstler*innen um das Kurator*innenteam Max Czollek und Sasha Marianna Salzmann zunächst von einer gesellschaftlichen Verortung als Juden* aus, um sie im Folgenden mit anderen Identitätskategorien zu verbinden und dadurch Intersektionalitäten aufzuzeigen. Ihren Auftakt erlebte die Desintegration dabei vom 6. bis 8. Mai 2016 bei der zweieinhalbtägigen Veranstaltung *Desintegration. Ein Kongress zeitgenössischer jüdischer Positionen*.[18] Dass die Desintegration dabei auch über den jüdischen Kontext hinaus eine Bedeutung hat, wird daran sichtbar, dass sie zum Motto für den 3. Berliner Herbstsalon 2017 gemacht wurde, der im November 2017 gemeinsam mit den *Radikalen Jüdischen Kulturtagen* (letztere wiederum kuratiert von Czollek und Salzmann) am Maxim Gorki Theater stattfinden wird.

Desintegration zielt auf eine Realisierung der konkreten Utopie Radical Diversity. Indem sie gleichzeitig eine Haltung der Stärke und Initiative zur Handlung formuliert, ist sie auch die Intervention in ein gegenwärtiges politisches Klima der Furcht. Und indem sie das Denken des Radical Diversity zu einem Modell gesellschaftlichen Zusammenlebens erklärt, wendet sie sich gegen Vorstellungen der Leitkultur sowie der Integration und Inklusion in eine deutsche Dominanzkultur. Im konkreten Fall der jüdischen Desintegration ist sie eine Strategie, die auf die Reflexion jüdischer Identitätskonstruktionen im deutsch-jüdischen Gedächtnistheater zielt. Desintegration kann also als eine Art Scharnier verstanden werden, das den Übergang von einem Denken der Integration und Inklusion hin zu einem Denken des Radical Diversity mitgestaltet. Sie geht von dem Gedanken aus, dass gesellschaftliche Teilhabe nur auf Grundlage einer – zumindest partiellen – Selbstbestimmung erfolgen kann.

17 Die Differenzierung zwischen „Subjekt der Repräsentation" und „Subjekt des Handelns" geht auf Hakan Gürses zurück (ders.: Das „untote" Subjekt, die „ortlose" Kritik. In: Gudrun Perko / Leah Carola Czollek (Hrsg.): *Lust am Denken. Queeres jenseits kultureller Verortungen*. Köln: PapyRossa 2004, S. 140–159, hier S. 149–150).

18 Vgl. hierzu auch Max Czollek / Sasha Marianna Salzmann (Hrsg.): *Desintegration. Ein Kongress zeitgenössischer jüdischer Positionen. 6.–8. Mai 2016*. Begleitkatalog. Berlin: Kerber 2017.

Denkt man also das Judentum außerhalb *deutscher* Zuschreibungen und Erwartungen, so wird erst deutlich, dass eine jüdische Position eine marginalisierte ist.[19] Mit dem Adjektiv *deutsch* wird jene unsichtbare Normativität der postnationalsozialistischen Dominanzkultur markiert, die dem Gedächtnistheater seine Form gibt. Es verweist also auf die Zuschreibungspraxen, welche ‚die Juden' als Statist*innen in einem deutschen Erinnerungsdiskurs verorten. Innerhalb dieser Rollenerwartung an ‚die Juden' bleiben jüdische Perspektiven und Erfahrungen in ihrer Vielfalt und in ihrer (Nicht-)Identität mit dem deutschen Blick weitgehend ausgeblendet. Im Koordinatenfeld des Gedächtnistheaters sind sie nicht formulierbar. Bei einer desintegrativen Intervention im Sinne des Radical Diversity geht es also darum, sichtbar zu machen, dass eine marginalisierte Position jenes Außen bildet, welches für die Erzeugung einer deutschen Identität und Gesellschaft in Integrations- oder Leitkulturdebatten notwendig ist: „Wenn wir Eure Juden sind, dann seid Ihr auch unsere Kartoffeln."[20]

Um diese Dynamik zu unterbrechen, müssen auch vonseiten der Marginalisierten eingeübte Reiz- und Reaktionsmuster überdacht und neue Allianzen gesucht werden. In diesem Sinne geht die Desintegration davon aus, dass eine Reflexion der eigenen Funktionalisierung durch die und Kompliz*innenschaft mit der dominanzkulturellen Zuschreibung eine Voraussetzung für eine eigenständige Selbstdefinition ist. Für einen jüdischen Kontext bedeutet das, ein kritisches Verhältnis zu Prozessen öffentlicher Anerkennung zu gewinnen und ihren Einfluss auf das eigene Selbstbild als Jude*/jüdische Gemeinschaft kritisch zu reflektieren.[21] Denn eine solche Selbstreflexion ermöglicht erst die Erkundung von Unterschiedlichkeit, die für ein emphatisches Konzept des gelebten Radical Diversity eine notwendige Voraussetzung bildet. Dafür ist die (künstlerische, wissenschaftliche und alltagsbezogene) Gestaltung der eigenen politisch-diskursiven Haltungen eine notwendige Voraussetzung. Das Theater und die Literatur, die bildende Kunst und die Musik können hier als eine wichtige Ergänzung für eine Weiterentwicklung gesellschaftlicher Diskurse gelten, wie sie in dem Konzept des Social Justice und Diversity schon heute angedacht und umgesetzt werden.

19 Vgl. Max Czollek: Manifest der Desintegration. In: *Jalta. Positionen zur jüdischen Gegenwart* 1,1 (2017), S. 121–123.

20 Ebd., S. 122.

21 Vgl. Max Czollek/Sasha Marianna Salzmann: „Spielt Euer Theater doch alleine!" Vorwort. In: Dies. (Hrsg.): *Desintegration*, S. 10–16.

KÖNIGREICH DES REGENS

(Gedichte)

YEVGENIY BREYGER

schöne lagunen erheben sich aus korallenriffen,
angebetet von krabben und steineherden.
ihre struktur ist strukturloser sand. sand
in meinen gelenken, über haarwurzeln sand,
in meiner größeren hand, sand, sand.

so läuft der urlaub der verkannten kirschkernspucker,
ihre langersehnte pause. wir spucken zusammen.
ich einen meter weit. mein urlaubsbetreuer
tief ins korallenherz. er hat alles verstanden, was nötig ist.
zuhause wartet meine mutter auf der couch,

im fernsehzimmer liegt ein deutscher teppich,
darunter sandfamilien, bereit zum export.
es gibt kein geräusch fürs zerfallen der riffe
außer dem rascheln einer traurigen krabbe.
krabben, weicht aus, hört auf, eure scheren zu baden.

sie hören nicht.
meine böse mutter ist eine liebe frau. sie ist faul.
sie schaut ungern hinunter oder hinaus. ungern ins wasser.
ich sitze daheim vorm katholischen aquapalast,
putz dich selbst, aqua, putz dich mit deutschem sand.

ich kenne das kleine glück, die mechanische wachheit
des körpers bei nacht, wenn motorgeräusche zu wirken beginnen,
das sonst lautlose glück des körpers. warum so klein?
ich will den glückskuchen, stopf ihn mir
ohne kuchengabel rein, bei bedarf.
ja, bedarf ist da. und wie!
mein körper will als motor gelten. das glück
will nicht verspeist werden, will selbst speisen.
die tugend, nachts zu schlafen, überlass ich lieber andren.
die olle nacht ist sich selbst überlassen,
kommt trotzdem vom kosmos nicht los.
wie ich mich zum kosmos verhalte? wie eine mücke
unter müden fliegen. wie ich das aushalte?
wie eine starke mücke.
wer zahlt die kuchenrechnung? der, der grad geld hat.
subtil wird der kosmos von mücken am leben erhalten.
noch subtiler schnüffeln die besten mücken zucker.
noch noch subtiler verschließe ich mich ihrem treiben.

ein rennen zwischen tiergewordenen pilzen
und deinem ego, alle achtung!
die pilze haben köpfe, du eine gewaltige sense.
sens sie um, es ist montag.
die hüter des waldes schlafen in ihren bezirken.
mäuse wuseln entlang der flusspromenaden,
imitieren verrückte ratten.
du schleifst deine sense am einzigen stein, den du kennst,
beschäftigst die pilze mit dieser rabiaten übung.
bald werden sie wach sein, werden im spielhandbuch blättern,
da steht nichts von gnade.
warum schwitzt du nicht?
der dienstag wird kommen und eure potenzen entsorgen.
am mittwoch wirds friedlich. keine spur
von den pilzen. nur deine sense, schwingt von allein.

gebratene echsen auf dem frühstücksteller, doppeldiablo.
sie machen weder satt, noch schmecken sie gut. warum also
diesen schrecklichen luxus erlauben? weil man kein geld hat.
hätte man, man würde nur noch echsenschwanzspitzen essen.
kellner kommt. sie wollen nicht dinieren? nein. ein bisschen
mehr probieren? nein. soll ichs souflieren? nein.
sie transzendieren ohne essen? ja. achso, gehen sie damit
lieber nicht hausieren, um tieres willen.
raus aus dem laden. im freisitz dicke familien, echsenesser,
dinobeerenpflücker, hab selten so dicke kinder gesehen.
ein vater mault mich an: stieren sie nicht auf unsre teller,
patroullieren sie wo anders. –
doch was bleibt mir übrig? zurück in den laden, zurück
zur verfluchten kost? oder hinaus in die berge,
wo die rettenden drachen hausen? drakonien, drak city,
drakistan, vereinigt euch. die luft wird kühler
beim gedanken an drachen, zu kühl. drakopalypse now!

über rohrpost versetzen sich insektennymphen zurück ins reale,
werden als bäume wiedergeboren.
was für eine welt! was für ein kanal!
ich wurde im traum durch den abfluss gespült,
tauchte auf als bemaltes denkmal in leipzig
zwischen sternburg diesel und spinnentrauben. transport
ist eine tugend. tugend ein laster. laster,
moralisch betrachtet, ein ornament von glück.
ich lief durch die falsche allee. oder war ich der falsche?
bäume verweigern sich stur der statistik,
werden trotzdem gezählt.
ich sollte nicht weinen, die knie enger am körper behalten
als universales zeichen für erkenntnisprobleme.
ich sollte die nymphen ignorieren, ihre flüge,
die ausgeweideten regenparzellen bei regen. und den tod?
nein, den tod nicht. der ist mit seinen eltern beschäftigt,
sitzt beschämt in der ecke. armer blöder tod,
arme nymphen, es ist nicht euer sommer.

Die Gedichte sind dem Band flüchtige monde *entnommen, der 2016 bei kookbooks erschienen ist. Sie wurden hier mit freundlicher Genehmigung des Verlags wieder abgedruckt.*

„ES WAR KEINE ERZÄHLUNG, DIE MAN IN DER ÖFFENTLICHKEIT AUSGEBREITET HAT, WEIL SIE SOFORT VIELE FRAGEN NACH SICH ZOG, DIE VIEL KOMPLIZIERTER ZU BEANTWORTEN WAREN, ALS ZU SAGEN, MAN HABE IRGENDEIN LAGER ÜBERLEBT."

Interview mit Markus Nesselrodt

VON LEA WOHL VON HASELBERG

Markus Nesselrodt ist Historiker mit Osteuropaschwerpunkt an der Europa-Universität Viadrina in Frankfurt/Oder. In dem Gespräch erzählt er über seine Forschungen zur Erfahrung jüdischer DPs aus Polen, die den Zweiten Weltkrieg in der Sowjetunion überlebt haben, und ihr vergessenes Narrativ.

LEA WOHL VON HASELBERG: In der direkten Nachkriegszeit – im Jahr 1947 – kam es zu der paradoxen Situation, dass sich über 180.000 Jüdinnen und Juden auf deutschem Boden befanden – wenige Jahre, nachdem Deutschland von den Nazis für ‚judenrein' befunden worden war. Die meisten lebten in Flüchtlingslagern, in Displaced Persons Camps. Nach den Pogromen in Polen und noch vor der Staatsgründung Israels war Deutschland, genauer gesagt: die amerikanische Besatzungszone, zum sichersten Ort für jüdische Flüchtlinge in Europa geworden. Die direkte Nachkriegszeit und das Leben in DP-Camps ist im öffentlichen Gedächtnis nicht allzu bekannt.

Markus, du forschst zur Erfahrung jüdischer DPs aus Polen. Wer waren die jüdischen Flüchtlinge in den DP-Lagern?

MARKUS NESSELRODT: Zwischen 1945 und 1950 lebten schätzungsweise 250.000 jüdische DPs in den westlichen Besatzungszonen. Zunächst waren die jüdischen DPs fast ausschließlich Jüdinnen und Juden aus Osteuropa, die vor allem aus Polen, Ungarn und Tschechoslowakei gegen ihren Willen nach Deutschland gekommen waren. Diese 50.000 bis 70.000 Jüdinnen und Juden waren in Deutschland befreit worden – als KZ-Überlebende, als ehemalige Zwangsarbeiter und Zwangsarbeiterinnen oder als Überlebende der ‚Todesmärsche'. Sie waren unfreiwillig nach Deutschland gebracht worden. Nach der Befreiung mussten sie erst versorgt werden, weil sie zu schwach waren. Zehntausende von ihnen starben in den Wochen und Monaten nach der Befreiung. Sie waren die ersten und bildeten den Kern der jüdischen DP-Community.

Ab Herbst 1945 änderte sich die Demographie, als Jüdinnen und Juden nach Deutschland kamen, die tatsächlich Flüchtlinge waren – aus Osteuropa, vor allem aus Polen. Sie hatten sehr unterschiedliche Kriegserfahrungen und konnten auf illegalen Wegen und mit Hilfe der jüdischen Flüchtlingsorganisation Bricha in die westlichen Zonen kommen. Der Weg aus Osteuropa in die jüdischen DP-Lager war eine bewusste Massenbewegung.

LWVH: Diese jüdischen Flüchtlinge landeten also nicht zufällig in den DP-Camps. Warum entschieden sie sich in die westlichen Besatzungszonen zu kommen?

MN: Das Ziel der Bricha war, möglichst viele überlebende Jüdinnen und Juden aus Osteuropa ins befreite Deutschland, vor allem in die amerikanische Besatzungszone, zu bringen. Die Menschen versprachen sich, von dort aus bessere Möglichkeiten zu haben, Europa zu verlassen als von Polen oder Litauen aus. Zu diesem Zeitpunkt lag Osteuropa ja schon im sowjetischen Einflussbereich. Man vermutete, dass es deshalb sehr, sehr schwer würde, legal auszureisen. Außerdem hoffte die Bricha, dass eine hohe Zahl jüdischer DPs Druck auf die westlichen Alliierten ausüben würde, die Grenzen des britischen Mandatsgebiets Palästina für jüdische Überlebende zu öffnen. Je mehr jüdische Überlebende sich als Transitflüchtlinge in Deutschland aufhalten würden, desto größer würde die Wahrscheinlichkeit werden, dass Großbritannien tatsächlich die Tore Palästinas für diese Flüchtlinge öffnet.

LWVH: In deiner Forschung sprichst du von „Migrationserfahrungsgeschichte“. Du beschäftigst dich mit polnischen Jüdinnen und Juden, die die Shoah in der Sowjetunion überlebt haben. Was macht ihre Erfahrung spezifisch und wie groß ist ihr Anteil an den jüdischen DPs?

MN: Das ist eine ziemlich komplizierte Geschichte. Man geht davon aus, dass etwa 230.000 polnische Jüdinnen und Juden in der unbesetzten Sowjetunion überlebt haben. Das heißt, sie lebten in sicherer Entfernung von der Front. 200.000 von ihnen waren bis 1948 nach Polen zurückgekehrt. Das ist die größte Überlebendengruppe der polnischen Jüdinnen und Juden. Etwas mehr als die Hälfte aller polnischen-jüdischen Überlebenden hat in der Sowjetunion überlebt.

Sie lassen sich nochmal unterscheiden: Etwa ein Drittel von ihnen war nach dem deutschen Überfall im September 1939 nach Osten geflohen und befand sich dann unter der Herrschaft der Sowjetunion, die ja am 17. September 1939 von Osten aus in Polen einmarschierte. Das war keine bewusste Entscheidung. Diese eher kleine Gruppe wurde von den sowjetischen Besatzern sehr argwöhnisch betrachtet. Sie wollten sich nicht integrieren, sie wollten keine sowjetischen Staatsbürger und Staatsbürgerinnen werden, sondern ihre polnische Staatsbürgerschaft behalten. Die sowjetischen Geheimpolizei NKWD bezeichnete sie als ‚feindliche Elemente' und deportierte etwa 70.000 von ihnen in Arbeitslager.

Diese Deportierten wurden wirklich nachts aus ihren Wohnungen geholt und aufgefordert, mit zum Bahnhof zu kommen. Sie wurden in Güterzüge gesperrt und unter sehr, sehr einfachen, schlechten Bedingungen mehrere Wochen lang Richtung Sibirien und in andere abgelegene Teile der Sowjetunion gebracht, wo sie etwa eineinhalb Jahre Zwangsarbeit leisten mussten. Das war Zwangsarbeit – allerdings nicht mit dem Ziel, die Menschen durch Arbeit zu vernichten wie die Deutschen das gemacht haben, sondern es ging darum, ihre wirtschaftliche Arbeitskraft auszubeuten.

Etwa ein Drittel polnischer Jüdinnen und Juden in der Sowjetunion hatte diese Zwangsarbeitserfahrung. Die anderen zwei Drittel flohen erst 1941 vor den Deutschen. Sie waren Flüchtlinge wie der Rest der sowjetischen Bevölkerung: Hauptsache weit weg von der Front. Zentralasien war das Zentrum dieser Fluchtbewegung.

LWVH: Was würdest du als das Spezifische dieser Fluchterfahrungen bezeichnen?

MN: Wahrscheinlich unterscheiden sich die Erfahrungen gar nicht so stark von anderen Flüchtlingserfahrungen. Es gab ein ständiges Hin- und Her über die Grenze. Die Menschen wussten im September oder Oktober 1939 noch nicht, was passieren würde. Wenn man das verhältnismäßig anschaut: Etwa zwei Millionen Jüdinnen und Juden lebten 1939 in deutschem Einflussbereich und knapp ein Zehntel war geflohen. Es herrschte eine unglaublich große Unsicherheit darüber, was der richtige Weg sein würde. Auch die Sowjetunion war für einige jüdische Flüchtlinge eben kein ‚sicherer Hafen'. Für viele, insbesondere

Zionisten und jüdische Sozialisten (Bundisten), war die Sowjetunion ein Ort, von dem sie wussten, dass sie dort verfolgt werden würden, als ‚abweichende‘ Linke und jüdische Nationalisten.

Etwa ein Drittel der Jüdinnen und Juden überlebte den Aufenthalt in der Sowjetunion nicht. Sie wurden in der Regel jedoch nicht ermordet, sondern starben an den Folgen von Hunger, Krankheiten oder schlechter Versorgung oder sie fielen als Soldaten in der Roten Armee an der Front im Kampf gegen die Deutschen.

Das entscheidende für die Gruppe ist, dass die Mehrzahl 1946 nach Ende des Zweiten Weltkrieges wieder nach Polen zurückkehren konnte. Dort war sie dann aber mit den Folgen des Holocaust konfrontiert. Die meisten hatten keine Ahnung, was sie in Polen erwartete. Sie hofften, wieder mit ihrer Familie zusammenzukommen, wieder in ihre alten Wohnungen zurückzukehren. Das stellte sich relativ schnell als unmöglich heraus – die Angehörigen waren ermordet worden und die Wohnungen von polnischen Bewohnern besetzt. Aber sie hatten überlebt, das wurde ihnen schnell klar. Und ein großer Unterschied zu den Überlebenden unter deutscher Besatzung war, dass viele dieser Rückkehrer aus der Sowjetunion wirklich mit ihrer Familie zurückkehrten.

LWVH: Gab es Knotenpunkte jüdischen Exils in der Sowjetunion, wo sich jüdische Flüchtlinge sammelten und vielleicht organisierten?

MN: Im russischen oder sowjetischen Gedächtnis spielte Taschkent, die Hauptstadt Usbekistans, eine große Rolle. In Taschkent konzentrierte sich die jüdische, aber auch die nichtjüdische, sowjetische Flüchtlingscommunity. Man hatte aus Moskau größere kulturelle und wissenschaftliche Einrichtungen geschlossen dorthin evakuiert, weil es eine recht große Stadt und ein Knotenpunkt im Eisenbahnnetz war. Dadurch konnte man Menschen leichter dorthin bringen. Gleiches galt für Kuibyschew. Das war die russische Stadt, in die nach dem deutschen Vormarsch auf Moskau fast alle sowjetischen Einrichtungen evakuiert wurden, auch die Botschaften – also letztlich die inoffizielle Hauptstadt während des Krieges gegen Deutschland.

LWVH: Woran liegt es, dass ich in Literatur über DP-Camps in erster Linie über Überlebende der Vernichtungslager lese und von Menschen, die im Untergrund versteckt überlebt haben? Und das, obwohl die polnischen Jüdinnen und Juden, die in der Sowjetunion überlebten, die größte Gruppe in DP-Camps ausgemacht haben müssen. Stimmt mein Eindruck, dass es ein vergessenes Narrativ ist?

MN: Es ist aus heutiger Sicht manchmal nicht nachvollziehbar, warum man die Erfahrung dieser Gruppe scheinbar nicht wertgeschätzt hat. Man muss sich aber Folgendes klarmachen: Unmittelbar nach der Befreiung der

Konzentrationslager stand die Lebenserhaltung der Überlebenden im Vordergrund. Es gab erste Beschäftigungen mit der unmittelbaren Vergangenheit, mit dem, was da eigentlich passiert war, und mit der Dokumentation dessen, was später als Holocaust bezeichnet wurde. Auch im Hinblick auf mögliche Prozesse gegen Nazi-Täter begann die jüdische historische Kommission, Zeitzeugenberichte zu sammeln, deutsche Dokumente, Täterdokumente. Es ging vorrangig darum zu dokumentieren, was die Deutschen getan hatten – also den Massenmord zu dokumentieren, nicht das Überleben. Das ist eher die Perspektive, die wir heute einnehmen: Wie haben Leute überlebt? Damals, aus zeitlich unmittelbarer jüdischer Sicht lautete die Frage: Wie wurden Jüdinnen und Juden ermordet?

Es ist ein wichtiger Teil des Erinnerungsnarrativs, dass man zunächst der Toten gedenken wollte und sich weniger mit den unterschiedlichen Wegen des Überlebens befasste.

LWVH: Du hast dich mit Egodokumenten polnischer Jüdinnen und Juden in der Sowjetunion aus der Zeit befasst. Wie drückt sich darin diese doppelte Migrations- oder Fluchtgeschichte aus? Hast du dabei etwas gefunden, was du nicht erwartet hättest?

MN: In sehr frühen Zeugnissen aus der Nachkriegszeit lässt sich beobachten, dass viele Überlebende ihr eigenes Leiden in der Sowjetunion nicht in Beziehung zum Holocaust setzten. Beispielsweise: Aus ihrer Sicht war die größte Tragödie, das größte Leid, das sie jemals erlebt hatten, die Zwangsverschleppung nach Sibirien ins Arbeitslager. Viele verorteten die eigene Leidenserfahrung nicht im Kontext der Vernichtung der Jüdinnen und Juden in Polen. Das hat mich anfangs schon überrascht. Man sieht dann aber, dass sich das schon wenig später ändert: Wenn man Egodokumente aus den 1950er oder 1960er Jahren liest, gibt es die Verbindung zum Leid und der Ermordung der polnischen Jüdinnen und Juden in Polen. Auch beschreiben die Rückkehrer aus der Sowjetunion die eigene Erfahrung als Teil einer größeren Holocaustgeschichte – ohne den deutschen Überfall auf Polen wären sie niemals in die Sowjetunion gekommen, sie überlebten dort, aber nichtsdestotrotz verstanden sie sich als Teil eines jüdischen Überlebendenkollektivs.

LWVH: Wie geht das Narrativ weiter? Vor allem in den DP-Camps, wo die jüdischen KZ-Überlebenden und jüdischen Flüchtlinge z. T. jahrelang zusammenlebten?

MN: Kurz müsste man sagen: Es gibt nur ein Narrativ. Das Hauptnarrativ ist, den Holocaust in Polen überlebt zu haben – die Konzentrations- und Vernichtungslager, die Ghettos, Zwangsarbeitslager oder auch bei den

Partisanen oder im Versteck. Das ist quasi die paradigmatische Überlebendenerfahrung. Bis auf ganz wenige Ausnahmen zählte in der unmittelbaren Nachkriegszeit kaum jemand die Erfahrungen in der Sowjetunion dazu. Das ist die eigentlich völlig unverbunden danebenstehende Erfahrung eines Exils.

LWVH: Interessanterweise konzentriert sich Exilforschung stark auf das Westexil und nicht auf das Exil in der Sowjetunion. Ich habe den Eindruck, dass viele Menschen das jüdische Exil während des Nationalsozialismus mit den USA assoziieren oder an die Kindertransporte nach Großbritannien denken, an Frankreich oder die Schweiz, an Shanghai oder Südamerika, aber nicht an die Sowjetunion.

MN: Dabei haben zahlenmäßig die meisten polnischen Jüdinnen und Juden in der Sowjetunion überlebt – nicht in den USA, in Palästina oder in England. Die Sowjetunion nahm die meisten Flüchtlinge auf, auch wenn es schwierig ist, von Flüchtlingen zu sprechen. Viele von ihnen wurden gegen ihren Willen und ungeplant gerettet. Es gab zu keinem Zeitpunkt einen sowjetischen Plan zur Rettung der europäischen Jüdinnen und Juden. Das macht es so unglaublich schwierig, diese Geschichten zu erzählen.

Eine weitere Schwierigkeit in der unmittelbaren Nachkriegszeit und während der beginnenden Spannungen zwischen den West- und Ostalliierten bestand darin, dass ein längerer Aufenthalt in der Sowjetunion auch immer ein bisschen suspekt war. Warum war man da gewesen? War man vielleicht Kommunist? War man in irgendeiner Form prosowjetisch? Würde man, wenn man nach England oder in die USA emigrieren würde, eine Gefahr darstellen als kommunistischer Agent? Die amerikanische Seite hatte große Angst, dass diese Menschen etwas mit Kommunisten zu tun haben könnten.

Ich habe versucht in der hauptsächlich jiddisch-sprachigen jüdischen DP-Presse Aussagen oder Beiträge zu finden, die in irgendeiner Form die Erfahrungen dieser Mehrheit der jüdischen DPs aussprechen. Ich hatte am Anfang vermutet, das müsste sich in den kulturellen Produkten der DPs auch irgendwie abbilden: In Zeitungen oder den Gedichtbänden, in Kurzgeschichten oder in Theaterstücken. Das war nicht der Fall; vor allem nicht, weil es nicht opportun war, diese Erfahrung in der Öffentlichkeit mit dem eigenen Namen zu verbinden.

Eine der wichtigsten frühen Interventionen, diese Erfahrungen in der Sowjetunion als einen Aspekt des jüdischen Leidens während des Zweiten Weltkrieges anzuerkennen, ist unter einem Pseudonym erschienen. Der betreffende Beitragende hatte sich dazu entschieden, anonym zu bleiben, weil er in die USA ausreisen wollte. Und das war auch klug. Andere, die ihre Exilerfahrungen in der Sowjetunion unter ihrem eigenen Namen literarisch verarbeitet haben, hatten wirklich Probleme in die USA zu kommen und haben es erst nach fünf oder sechs Jahren dorthin geschafft.

Es war also einfach keine Erzählung, die man bereitwillig in der Öffentlichkeit ausgebreitet hat, weil sie sofort viele Fragen nach sich zog, die viel komplizierter zu beantworten waren, als etwa zu sagen, man habe ein Lager überlebt. Da war das Narrativ klar. Wenn man sagte, man war während des Krieges in Taschkent, war das erklärungsbedürftig.

LWVH: Nach der Staatsgründung Israels wanderten die meisten DPs aus und verließen die Lager. Wer blieb danach noch Deutschland?

MN: Das ist wirklich eine spannende Frage. Wenn man sagt, dass 1947 zahlenmäßig der Höhepunkt der jüdischen DP-Bevölkerung war, dann kann man sagen, dass 1951 der Tiefpunkt war. Es gab zu dem Zeitpunkt noch etwa 15.000 bis 20.000 DPs in Deutschland. Das waren vor allem Menschen, die noch nicht in die USA ausreisen durften, weil sie eine verdächtige Vergangenheit hatten. Viele alte und kranke Leute erfüllten die Bedingungen nicht, um in den USA oder in anderen Ländern aufgenommen zu werden. Viele Leute blieben gegen ihren Willen in Deutschland. Wenige hatten sich eine wirtschaftliche Existenz aufgebaut und blieben deshalb.

Die meisten größeren DP-Lager waren um 1950 bereits geschlossen. Nur wenige hundert bis tausend Menschen lebten noch in Föhrenwald, das tatsächlich noch bis 1957 existierte. Entscheidend für die DP-Existenz nach 1950 war, dass die Zuständigkeit wechselte: Bis 1951 waren die Alliierten bzw. verschiedene internationale Hilfsorganisationen zuständig für diese jüdischen Überlebenden, 1951 ging dann die Zuständigkeit über an die Bundesrepublik. Die jüdischen DPs wurden ab diesem Zeitpunkt neu betitelt. Sie hießen nun ‚heimatlose Ausländer', also de facto Staatenlose. Es gab sogar ein Gesetz über die ‚heimatlosen Ausländer'. Ich habe von vielen Menschen gehört oder gelesen, die bewusst lange Zeit, zum Teil bis heute, staatenlos blieben, sich also bewusst als Jüdinnen und Juden in Deutschland dagegen entschieden, die deutsche Staatsbürgerschaft anzunehmen. Sie blieben staatenlos, wenn man so will: als Akt der ‚Desintegration'.

LWVH: Wenn man auf die jüdischen Gemeinden schaut, die sich in Deutschland dann ja doch entgegen aller Prognosen gründeten, sind die heutigen ‚Alteingesessenen', die sich gegen die jüngsten Zuwanderer und Zuwanderinnen aus der ehemaligen Sowjetunion z. T. auch abgrenzten, eigentlich die Nachkommen der damaligen polnischen DPs. Siehst du da Ausschlussmechanismen oder Kontinuitäten, Hierarchisierungen, die sich durch die jüdische Geschichte in der Bundesrepublik ziehen?

MN: Man muss vorsichtig sein mit allgemeinen Urteilen, aber es gibt sicherlich Prozesse, die sich vergleichen lassen. Hierzu gehört etwa der Diskurs ‚Alteingesessene' versus ‚Neuankömmlinge' um die Deutungshoheit in Fragen der Zugehörigkeit zum Kollektiv der deutschen Jüdinnen und Juden. Die Debatten kreisten und kreisen dabei etwa um die korrekte religiöse Auslegung. Ebenfalls vergleichbar sind Sprach- und Verständigungsprobleme – die jüdischen DPs aus dem östlichen Europa sprachen in der Regel kein Deutsch, sondern Jiddisch, Polnisch, Litauisch, Rumänisch. Die deutschen Jüdinnen und Juden wiederum beherrschten diese Sprachen in der Regel nicht. Es gab ein Kommunikationsproblem, zudem fehlte nicht selten seitens der Alteingesessenen der Wille, diese Kommunikation überhaupt einzugehen. Deshalb gab es im westlichen Deutschland für kurze Zeit parallele Gemeindestrukturen: eine osteuropäisch-jüdische Gemeinde und eine deutsch-jüdische Gemeinde, die natürlich völlig unterschiedlich zusammengesetzt waren. Eher die ältere deutsch-jüdische Gemeinde und die junge, vitale osteuropäisch-jüdische. In bestimmten Gegenden Deutschlands, z. B. in Bayern, muss man von 90 % Osteuropäern und Osteuropäerinnen in den jüdischen Gemeinden ausgehen, der Anteil der deutschen Jüdinnen und Juden war extrem gering.

LWVH: Nochmal ein bisschen zurück: Welchen Bezug siehst Du zwischen deinem Forschungsthema und Desintegration als einem künstlerisch-politischen Konzept, das die Integrationsforderung, die wir ja auch jetzt in der Leitkulturdebatte wieder laut hören, angreift oder zu irritieren versucht?

MN: Das ist nicht so einfach, weil die jüdischen Gemeinden heute in einer so anderen Situation sind als nach dem Krieg. Es gibt deutlich bessere Strukturen, es gibt ein anderes Selbstbewusstsein, als es das unmittelbar nach dem Krieg gab, als das Leid und die Verluste zeitlich noch so viel näher waren. Fragen nach der Integration in diese neue Bundesrepublik gab es aber natürlich auch damals schon. Am deutlichsten lässt sich das ja am Namen des Zentralrats sehen – der Juden in Deutschland und nicht der deutschen Juden wie es zuvor geheißen hatte. Dabei handelte es sich also um eine bewusste Entscheidung für ein Leben in Deutschland als ‚irgendwie Andere'. Dies wird auch deutlich in der erwähnten Nichtannahme der deutschen Staatsbürgerschaft vieler ‚heimatloser Ausländer'. Aber das war kein politisches Programm, zumal die Fragen auch einfach ganz andere waren – es ging um Existenzsicherung, es ging darum, Familien und Gemeinden wiederaufzubauen, Zukunft zu sichern. Das bedingte natürlich auch die langfristige Integration in diesen neuen Staat.

DIE DESINTEGRATION DER INTEGRATIVEN DEMARKATIONSLINIE?

*Die deutsche Staatsangehörigkeit von Nicht-Deutschen, deutschen Staatsbürger*innen und was das mit Juden und Jüdinnen zu tun hat*

DANI KRANZ

Das Thema liegt spätesten seit Thilo Sarrazins Pamphlet auf dem Tisch, befeuert durch die ‚diskursive Flüchtlingskrise' wird es brachial diskutiert, die politische Szene des Landes verroht in ihren Aussagen zunehmend und auch gesamtgesellschaftlich schallt es: „Was ist deutsch?" Angela Merkel, die im August 2015 ihre geschichtsträchtigen drei Worte – „Wir schaffen das!" – äußerte, hatte sich ein Jahr später überlegt, dass sie der beunruhigten und immer unzufriedener werdenden potentiellen Wähler*innenschaft besser versichert, dass Deutschland deutsch bleibe. Aber was genau ist es, dieses ‚Deutsch'-Sein? Die BRD definiert sich als der Nachfolgestaat Nazideutschlands. Sie übernimmt die Verantwortung für das im Namen des ‚reinen deutschen Volkskörpers' begangene Naziunrecht und hat sich zum Ziel gesetzt, die Altlasten der vorbundesrepublikanischen Zeit zu bewältigen: Man ist nicht nazideutsch, auch wenn die rechtliche wie soziale Altlastenbewältigung sehr bruchstückhaft ist. Wer ‚Wir' aber sind, blieb eher offen, im Gegensatz zum mehrheitlichen Status quo: wer ‚Wir' *nicht* sind.

Knappe 30 Jahre nach der Wiedervereinigung tobt die Diskussion um das Ex Positivum im dritten Nachkriegsdeutschland. Diskurse der verfestigten Differenzordnungen werden erbittert geführt. Sind Juden* und Muslime* deutsch oder können sie deutsche Staatsbürger*innen – nicht zu verwechseln mit ‚Biodeutschen' – werden? Das deutsche Staatsbürgergesetz sagt ja, die Bevölkerung ist zwiegespalten. Das Staatsbürgergesetz, das – salopp gesprochen –

definiert, wer deutsch ist, wer deutsch sein und unter welchen Bedingungen werden kann, wird im Schnitt alle paar Jahre geändert, je nach politischer Gesinnung: Das Möglichkeitsfenster im formalrechtlichen Sinne ‚Deutsch'-zu-werden öffnet und schließt sich; es hängt per se in gestressten Angeln.

Bei genauerem Hinsehen lässt sich eine dubiose Kontinuität in der Exklusivität des Staatsbürgergesetzes und dem Anderssein von Juden* als ‚Anderen' herstellen: ‚Kulturdeutsche' Christ*innen im nazibesetzten Osteuropa wurden erst unter den Nazis zu deutschen Staatsbürger*innen, in Weiterführung zu ‚Heimatvertriebenen' oder ‚Spätaussiedler*innen' im bundesrepublikanischen Recht. Osteuropäische, ‚kulturdeutsche' Juden*, die unter den Nazis nie Deutsche sein konnten, blieben Juden*. In seltenen Fällen wurden sie als Heimatvertriebene anerkannt, Spätaussiedler waren sie nie – sondern Juden*. Eine Anspruchseinbürgerung griff und greift für sie nicht, sie werden wie formalrechtliche Ausländer*innen eingebürgert. Juden* sind keine ethnisch Deutschen. Das Recht sieht es so, Teile der deutschen Bevölkerung auch, sie können Staatsbürger*innen werden, aber *Staatsangehörige*? So geht einer meiner Kollegen – wie Teile der Bevölkerung dieses Landes – bis heute davon aus, dass ein Jude kein Deutscher sein kann, da er einer anderen Ethnie, der der Juden*, *angehöre*. Und Deutscher und Jude zugleich sein, das geht nun mal nicht.

Die Definitionshoheit über ‚Deutsch'-Sein, Deutschtum und auch die deutsche Staatsbürgerschaft ist historisch wie gegenwärtig ein Paradebeispiel, an dem darstellbar ist, was die *Desintegration* der bruchhaften Integration bedeutet: Welche Akteur*innen desintegrieren durch ihr bloßes Dasein? Sie stellen in Frage, was jemals integriert war. Und letztendlich: Wie sind Juden*, andere Minderheiten und die ‚genetisch', also qua biologischer Verwandtschaftsabfolge, definierte christliche Mehrheit der ‚Staatangehörigen' in ihrer gemeinsamen, überlappenden und doch getrennten Gegenwart aufgestellt? – Sie alle sind und müssen Teil der gemeinsamen Gegenwarten und der dringend benötigten rechtlichen, gesellschaftlichen, sozialen und kulturellen Status-quo-Debatte sein – als Teile der existierenden, wenn auch angezweifelten, postmigrantischen *deutschen* Gesellschaft.

„WIR MÜSSEN UNS HIER UND JEDEN TAG VON NEUEM BEMÜHEN, DIE ÄNGSTE, DIE WIR IN UNS TRAGEN, ZU ÜBERMITTELN, UM DIE KETTEN DES SCHWEIGENS ZU ZERBRECHEN.“

Die im Folgenden abgedruckten Reden haben Ibrahim Arslan und Esther Bejarano während des *Tribunals „NSU-Komplex auflösen“*, das vom 17. bis 21. Mai 2017 ist Köln stattfand, gehalten. Wir verstehen die Reden als historische Ereignisse, in denen von Rassismus Betroffene die Stimme erheben und zur politischen Solidarität aufrufen. Beide Reden werden hier im Wortlaut vollständig wiedergegeben. Für die Druckfassung wurden sie an einigen Stellen leicht überarbeitet.

REDE VON IBRAHIM ARSLAN, ÜBERLEBENDER DES RASSISTISCHEN BRANDANSCHLAGES VON MÖLLN 1992, VOM 20. MAI 2017

Tolstoj hat mal gesagt: „Wenn jemand Schmerzen fühlt, dann ist er lebendig, wenn jemand die Schmerzen anderer fühlt, dann ist er ein Mensch.“

Sehr verehrte Betroffene der nationalsozialistischen und neofaschistischen Gewalt, sehr verehrte solidarische Menschen, meine Genossen und Genossinnen, meine Schwestern und Brüder, meine Familie,

wir verstehen Eure Anwesenheit als Zeichen Eurer Solidarität und Respekt unseren Geschichten gegenüber. Danke dafür, danke auch, dass Ihr Euch die Opferperspektive anhört. Für mich bedeutet das, dass wir von nun an Seite an Seite gemeinsam diesen Kampf führen werden, der uns den Frieden und die Freiheit bringen wird.

Heute ist der Tag, an dem nicht Diplomaten und Politiker reden und verhandeln, heute ist der Tag, an dem Betroffene und Opfer, die Hauptzeugen des Geschehenen, sprechen und anklagen.

Ich freue mich, gemeinsam mit Euch an etwas teilzunehmen, das als eine der größten Demonstrationen und Widerstand für die Freiheit der Betroffenen in die Geschichte eingehen wird.

Das, was wir heute anfangen, ist nicht nur ein Politikum, sondern auch ein Bruch des Schweigens, ein Aufschrei der Betroffenen und Opfer gegen die falsch laufende Opfer- und Gedenkpolitik. Wir werden uns von niemandem mehr instrumentalisieren lassen, wir werden uns von niemandem mehr mundtot machen lassen, keiner kann uns unser Gedenken mehr wegnehmen, jeder wird akzeptieren müssen, dass Betroffene nicht Statisten sind, sondern die Hauptzeugen des Geschehenen.

Sehr verehrte Betroffene, nutzt bitte alle hier die Gelegenheit, eure Forderungen in die Öffentlichkeit zu tragen.

Wir wissen, wie oft wir uns auf die Lippen gebissen haben, als wir nicht das sagen konnten, was wir eigentlich wollten. Nun ist die Zeit gekommen, um zu schreien, um die Gesellschaft aus ihren Traum zu wecken und in die Realität zurückzuholen.

Nehmen wir uns alle Familie Yozgat als Beispiel. İsmail Yozgat ist der Mensch, der überall seine Forderung nach einer Umbenennung der Holländischen Straße in Halitstraße fordert und dies überall öffentlich macht, unabhängig davon, ob jemand betroffen ist oder nicht.

Er zeigt uns, dass jeder sich daran beteiligen muss, um diese Forderung durchzusetzen, genauso wie wir alle daran beteiligt waren, als es hieß: ‚Dönermorde', ‚Bosporus-Ermittlungen', ‚Zuhältermilieu', und nichts dagegen unternommen haben oder unternehmen konnten.

Herr Yozgat, Sie sind ein Vorbild für mich und wahrscheinlich auch für viele andere Menschen hier.

Sie haben mit Ihren Forderungen vielen Betroffenen Hoffnung und Mut gegeben, um ihre eigenen Forderungen in die Öffentlichkeit zu rücken, egal wie realistisch die Forderung ist oder nicht. Vielen Dank dafür.

Ich weiß nicht, was noch wunderbarer und schöner ist als aktive und Widerstand leistende Betroffene. Sie lehren uns, dass egal, was einem passiert, egal, wie schlimm das Schicksal einen trifft, nicht aufzugeben, Mut zu haben und immer noch an das Gute in Menschen zu glauben. Sie zeigen uns aber auch, dass solche Taten sie nicht schwächt, sondern sie zusammenschweißt, sie stärkt und sie kämpfen lässt.

Familie Yozgat, Familie Kubaşık, Familie Şimşek, Familie Boulgarides, Familie Turgut, Familie Yaşar, Familie Özüdoğru, Familie Kiesewetter, Familie Kılıç, Familie Taşköprü und alle anderen Betroffenen-Familien, die ich noch kenne und kennenlernen werde, ihr seid nicht allein im Kampf gegen das Vergessen, wir werden diesen schweren Kampf gemeinsam kämpfen. Unser gemeinsames Schicksal, das uns zusammengeschweißt hat, wird uns von nun an unzertrennbar machen gegen Rassismus, gegen Faschismus, für die Gerechtigkeit, für den Frieden.

Mein Name ist Ibrahim Arslan, ich bin Opfer und Überlebender der rassistischen Brandanschläge vom 23. November 1992 in Mölln.

Vor 23 Jahren verübten zwei Neonazis – Lars Christiansen und Michael Peters – einen rassistischen Brandanschlag auf meine Familie. Sie zünden feige, mitten in der Nacht, unser Haus an, und verbrennen zwei Kinder und eine Erwachsene.

Die Kinder, meine Schwester Yeliz Arslan, gerade mal 10 Jahre alt, meine Cousine Ayşe Yilmaz, gerade mal 12 Jahre alt, ersticken qualvoll in den Flammen, meine Oma Bahide Arslan stirbt schmerzhaft an den Flammen, sie verbrennt am lebendigen Leibe.

Mehrere Überlebende, darunter auch ich, werden schwer verletzt und traumatisiert.

Unser Haus wurde aus reinem Hass angezündet, es wurde aber auch aus politischen Gründen angezündet. Politische Sätze wie „Das Boot ist voll"; „wir können keinen Asylbewerber mehr aufnehmen" haben dazu beigetragen, solche menschenverachtenden Taten zu vollbringen.

Es waren Neonazis, die sich von der Republik bestätigt gefühlt haben, als sie dies taten.

Wie kann man an dieses Verbrechen gedenken?

Wer hat die Herrschaft über das Gedenken?

Welche Gedenkveranstaltung ist offiziell und welche inoffiziell?

Dies sind Fragen, mit denen sich die Betroffenen und Opfer seit Jahren quälen. Was uns gehört, muss erkämpft werden. *Reclaim and remember*, das Erinnern erkämpfen. Kann man sich das vorstellen? Dies sind die leidvollen Erfahrungen der Betroffenen und Opfer. Kann man einer solchen rassistischen Tat, einer solchen rassistischen Geschichte, ohne die Opfer und Betroffenen einzubeziehen, gedenken? Wer entscheidet über unser Schicksal?

72 Jahre nach dem Holocaust steht immer noch die Frage, wie man mit Opfern und Betroffenen und deren Gedenken umgehen soll. Mit den Opfern, die hingeworfen sind in eine Ecke, als würden sie in der Geschichte keine Rolle spielen.

Mit den Opfern, denen sie jegliche Kraft ausgepresst haben.

Mit den Opfern, die erkannt haben, dass sie in ihrem eigenen Land im Exil leben.

Wir müssen uns hier und jeden Tag von Neuem bemühen, die Ängste, die wir in uns tragen, zu übermitteln, um die Ketten des Schweigens zu zerbrechen.

Trauer ist die reinste Form des Erinnerns. Wir trauern um die Toten, die keine Stimme mehr haben, um uns von ihrem schwer nachfühlbaren Schrecken zu erzählen. Aber wir trauern auch um die Überlebenden, die zum Überleben verurteilt wurden. Wir müssen seitdem mit einem schrecklichen Trauma leben, mit dem Trauma, dass wir nichts unternehmen konnten, als sie starben. Nichts kann uns davon befreien und wenig ist unternommen worden, um es uns erträglicher zu machen.

Die Vergangenheit und die Gegenwart zeigt uns, dass leider meist die Täterperspektive für die Gesellschaft interessant ist.

SIE sind es, die Menschen töten, und trotzdem hofiert werden, und in der Geschichte die Hauptrolle spielen. Bücher werden über SIE geschrieben, in Filmen sind SIE zu sehen, Kämpfe haben SIE gewonnen, Kriege haben SIE verloren, SIE werden in die Geschichte eingehen – als Helden.

WO SIND DIE OPFER? Diese Frage wird immer seltener gestellt von der Gesellschaft. Wir müssen die Sympathie gegenüber den Betroffenen entwickeln, wir dürfen sie nicht wie Statisten behandeln. Wie sollen solche schrecklichen Taten aufhören, wenn wir uns nicht mit den Betroffenen und Opfern identifizieren?

Fragen wir uns selbst einmal, wie viele hier in diesem Raum denn die Betroffenen des NSU kennen – oder die Opfer. Wie viele Namen fallen uns ein? Enver Şimşek, Halit Yozgat, Süleyman Taşköprü, Theodoros Boulgarides oder die Betroffenen Gamze Kubaşık, Semiya Şimşek, Osman Taşköprü, an wie viele Geschichten der Betroffenen können wir uns erinnern?

Doch wir wissen alle hier, wer Beate Zschäpe ist, Uwe Mundlos, Uwe Böhnhardt. DIES ist beschämend! DIES ist respektlos! Wir fordern Respekt für unsere Geschichten und Solidarität für unsere Forderungen.

Die Opfer- und Betroffenenperspektive ist auch interessant, meine Damen und Herren! Die Betroffenen müssen in den Vordergrund, damit die Gesellschaft Sympathie mit den Betroffenen und Opfern entwickelt! Die Gesellschaft muss sich mit den Betroffenen auseinandersetzen und sich identifizieren, damit solche Taten aufhören.

Unsere größte Sehnsucht ist, Euch unsere Geschichten zu erzählen, davon zu berichten, was wir erlebt haben, welchem schmerzvollen Weg die Opfer und Überlebenden nach der Tat ausgesetzt sind.

Um so eure Solidarität zu bekommen, damit so etwas nie wieder passiert.

Wir verlieren dadurch unsere Symptome und werden gesund. Denn es gibt keine Brücke über den Fluss – Vorher, Nachher –, so dass wir das Geschehene wieder rückgängig machen können. Aber wir können gemeinsam Brücken bauen, um uns dem entgegenzustellen.

Wie auch die Politiker gemerkt haben, werden wir in Zukunft nur solidarische Menschen brauchen, um eine respektvolle Gedenkveranstaltung zu gestalten. Wir werden die Opferrolle, die mit Schwäche gestempelt ist, mit Stärke befüllen, um zu zeigen, dass Opfer und Überlebende keine Statisten sind, sondern die Hauptzeugen des Geschehenen.

Wann werdet Ihr zufrieden sein?

Diese Frage kommt immer wieder von denjenigen, die tatsächlich daran glauben, dass sie unsere Forderungen erfüllt haben.

Wir werden nie zufrieden sein!!!

Wir können niemals zufrieden sein, wenn immer noch rassistische und faschistische Taten in diesem und in anderen Ländern verübt werden.

Wir können niemals zufrieden sein, wenn Menschen auf diese Art sterben.

Wir können niemals zufrieden sein, wenn Menschen (Betroffene) stigmatisiert, traumatisiert, instrumentalisiert und mundtot gemacht werden.

Wir können niemals zufrieden sein, wenn sich unsere Kinder nach 4 bis 5 Generationen immer noch in diesem Land integrieren müssen; wenn sie, ihrer Selbstbestimmung entzogen und ihrer Würde beraubt weiterleben.

Nein, wir werden nicht zufrieden sein, bis die Freiheit und die Gerechtigkeit auf uns herabströmt und uns überflutet.

Wir haben nicht aufgegeben und haben noch jede Menge Reserven. Deshalb sind wir hier, deshalb klagen wir diesen beschämenden Zustand in aller Öffentlichkeit an.

Das Gedenken ist und bleibt umkämpft, und wir werden unser Erkämpftes nie wieder zurückgeben.

Dafür möchte ich mich aus fester Überzeugung bei Euch solidarischen Menschen bedanken. Danke, dass Ihr es uns ermöglicht.

REDE VON ESTHER BEJARANO, ÜBERLEBENDE DES KZ AUSCHWITZ, VOM 17. MAI 2017

Ich sage es immer wieder und werde es auch in Zukunft sagen: Wer gegen die Nazis kämpft, kann sich leider nicht auf den Staat verlassen!

Ich muss laut aufschreien, seit Jahren hält diese Tradition in Deutschland an. Ob damals vor meiner Boutique, in Rostock-Lichtenhagen, in Hoyerswerda, Mölln, Solingen oder im Fall des NSU: Staatliche Behörden versagen, und das beängstigende ist, dass sie dies oft wissentlich tun! Beamtinnen und Beamte schützen nicht Opfer, sondern ihre Quellen, die NAZIS sind! Was soll das?!

Opfer werden zu Tätern, werden diffamiert und verhöhnt, von den Behörden, den Medien auch von der Gesellschaft! Ja, auch das hat Tradition. Was soll das?!

Wie können die Opfer des NSU und ihre Familien darauf vertrauen, dass es in München zu einem Urteil kommt, das ihnen und ihrer Trauer um ihre Toten und ihre Verletzten Genugtuung bietet, wenn der Prozess an sich nicht dafür geschaffen wurde dies zu realisieren! Ganz klar ist: Rassistische und faschistische Morde können nicht mit einem gewöhnlichen Strafprozess angeklagt werden, WIE SOLL ES HIER IRGENDWIE GERECHTIGKEIT GEBEN und wie soll man all diese Taten wirklich aufklären bzw. den rassistischen Komplex offenlegen. Wieder wird von Einzeltäter*innen geredet, auch das hat Tradition!

Wehret den Anfängen ist nicht mehr aktuell! In Zeiten, in denen wieder Unterkünfte brennen, Politiker offen rassistische Äußerungen tätigen, die AFD unter dem Deckmantel der Demokratie gewählt werden darf, aber zeitgleich offen mit Nazis und Rassisten paktiert und Menschen erlaubt wird, ihre menschverachtende Ideologie des Nationalsozialismus unerkannt zu verbreiten und weiterzuführen, in der bekannt wird, wie sehr die Bundeswehr von Nazis und Rassisten unterwandert ist und dies wieder als neu und Einzelfall abgetan wird, stehen wir nicht vor den Anfängen, NEIN wir sind mittendrin.

Und wenn wir in derartigen Zeiten leben, dann sind wir gefragt und gefordert! Wir alle haben die Pflicht, Verantwortung zu übernehmen, solidarisch mit den Opfern rassistischer Gewalt zu sein und ihnen zur Seite zu stehen, zuzuhören und ihnen das Gefühl zu geben, dass sie nie wieder alleine sein werden. Nicht gegenüber dem strukturellen Rassismus, nicht gegenüber den Medien und nicht gegenüber den Rassistinnen und Rassisten, und das Tribunal hier in Köln ist dafür ein weiterer Meilenstein. Ein Meilenstein, unbeugsam zu sein und gemeinsam mit Opfern an- und einzuklagen!

Danke, danke dafür, dass ich heute das Tribunal mit eröffnen kann, und danke dafür, dass ich ein Teil des Tribunals sein kann, denn auch das Tribunal ist jetzt ein Teil einer Rache an den Nazis!

ÜBER DIE (UN-)MÖGLICHKEITEN VON SOLIDARISIERUNGEN ZWISCHEN BETROFFENEN VON ANTISEMITISMUS UND RASSISMUS IN DEUTSCHLAND IM KONTEXT DES NSU-KOMPLEXES

HANNAH PEACEMAN / LEA WOHL VON HASELBERG

Ziel des bundesweiten antirassistischen Projekts *Tribunal „NSU_Komplex auflösen"* war es, einen Raum zu schaffen, in dem die Betroffenen von rassistischer und neonazistischer Gewalt zu Wort kommen und ihre Geschichten öffentlich machen können. Denn die Sichtweisen der Opfer und Betroffenen wurden während der Ermittlungen zur sogenannten Ceska-Mordserie nicht gehört, sondern von einer Vielzahl gesellschaftlicher Akteur*innen vorsätzlich oder strukturell unsichtbar gemacht. Ihr Erfahrungswissen und ihre vielfachen und nachdrücklich wiederholten Hinweise auf einen rassistischen bzw. neonazistischen Hintergrund der Mordserie wurden aus der öffentlichen Diskussion und den polizeilichen Ermittlungen ausgeschlossen. Die Ermittlungen waren selbst von Rassismus geprägt: Die Betroffenen wurden kriminalisiert und mit der organisierten Kriminalität in Verbindung gebracht. Damit korrespondierte die oftmals den polizeilichen Wortlaut übernehmende mediale Berichterstattung unter dem Schlagwort der ‚Dönermorde'.[1] Die juristische Aufarbeitung und der Prozess vor dem Oberlandesgericht München gegen Beate Zschäpe und vier Unterstützer knüpfen an diese Form der Ermittlungen an: Es geht nicht darum, die Hintergründe der Taten detailliert aufzudecken, die Verstrickungen von Ermittlungsbehörden, Verfassungsschutz und Politiker*innen zu entlarven und die rassistischen Motive zu untersuchen, die die Ermittlungen selbst beeinflusst haben. Im Gegenteil verdeutlicht die frühzeitige Festlegung der Bundesanwaltschaft auf die These vom neonazistischen ‚Trio' im ‚Untergrund', dass der Täter*innenkreis so weit wie möglich eingeengt werden soll. Es geht auch um eine Reinwaschung staatlicher Apparate und um die Herauslösung der neonazistischen Morde und Anschläge aus gesellschaftlichen Strukturen. So entsteht das Bild von Einzeltäter*innen, die nicht in Netzwerken agierten, die *trotz* der gesellschaftlichen Strukturen zu Täter*innen wurden und nicht *innerhalb* jener. Das Problem wird damit schlicht auf Distanz gehalten und ausgelagert an einen vermeintlich

1 Diese Verstrickungen werden in der Anklageschrift des *Tribunals „NSU-Komplex auflösen"* im Detail aufgezeigt (*„Wir klagen an!". Anklageschrift des Tribunals „NSU-Komplex auflösen"*. http://www.nsu-tribunal.de/wp-content/uploads/2017/05/NSU-Tribunal_Anklageschrift.pdf (Zugriff am 07.07.2017)).

‚rechten Rand'. Dabei werden die Stimmen der Angehörigen der Opfer wiederholt marginalisiert, ihr Leid und ihre Betroffenheit durch den gesamtgesellschaftlich tief verankerten Rassismus heruntergespielt und ihr umfassendes Wissen über dessen Formen und Wirkungsweisen erneut unsichtbar gemacht.

Ibrahim Arslans eingangs wiedergegebene Rede ist ein eindrücklicher Aufruf zur Solidarisierung gegen rassistische Gewalt und für eine *Gesellschaft der Vielen*, in der alle Menschen „ohne Angst verschieden sein" können.[2] Wie genau dieser Zustand aussehen kann, ist nicht theoretisch oder prospektiv beschreibbar. Er ist (zunächst) vielmehr eine Praxis: des Zuhörens, des miteinander Sprechens, Lernens und Streitens, der (Selbst-)Kritik, um gemeinsam ein freiheitliches und egalitäres Zusammenleben zu gestalten.

Mit seiner berührenden Rede und seinem antirassistischen politischen Bewusstsein konnte Arslan während des *Tribunals* viele Angehörige von Ermordeten dazu ermutigen, ihre Stimmen zu erheben und ihre Perspektiven und Erfahrungen öffentlich zu teilen. Hört man seine Rede, so fragt man sich: Wieso haben ‚wir' die Stimmen der Angehörigen nicht gehört?[3] Wo waren ‚wir'? Was sind die Strukturen und Mechanismen, die ‚uns' auf beiden Ohren taub gemacht haben?

Dieses ‚Wir' meint auch uns als Jüd*innen in Deutschland. Denn auch Jüd*innen haben die Stimmen der Betroffenen von Rassismus und der Angehörigen der Mordopfer nicht gehört. Dabei sollte ‚uns' vieles von dem, was Ibrahim Arslan ausdrückt, vertraut vorkommen: Gedenkpolitik im Zusammenhang mit der Shoah steht bis heute oft unter der Hoheit der deutschen, nichtjüdischen, der Täter*innengesellschaft. Jüd*innen sollen dabei nicht selten die Statist*innen sein, die diese Gesellschaft von ihrer Schuld entlasten. Die Kämpfe der Shoah-Überlebenden, insbesondere (linker) jüdischer Intellektueller, und ihrer Verbündeten um das Gedenken an den Nationalsozialismus werden in einen vermeintlichen ‚Lernprozess' der deutschen Gesellschaft eingemeindet und damit unsichtbar gemacht – mitsamt allen Verletzungen und negativen Konsequenzen, die diejenigen zu erdulden hatten, die diese Kämpfe geführt haben. Mehr noch: Antisemitismus ist wie Rassismus eine die Subjekte und Institutionen der postnazistischen Gesellschaft prägende Struktur. In Esther Bejaranos Worten: „Das hat Tradition!" Wer im Alltag davon getroffen wird, kann nicht mit Empathie und Solidarität rechnen, sondern muss in der Regel zunächst seinen ‚Vorwurf' legitimieren. Viel zu oft sind es die Nicht-Betroffenen, die definieren, was Antisemitismus, was Rassismus ist und was nicht. Und trotz dieser Vertrautheit sind Solidarisierungen ausgeblieben. Warum?

Im Anschluss an den Workshop *NSU und Antisemitismus. Medienanalyse und Solidarisierung*, den wir beim *Tribunal „NSU-Komplex auflösen"* angeboten haben, möchten wir in diesem Text darüber nachdenken, warum Solidarisierungen zwischen Betroffenen von Antisemitismus und Rassismus in der deutschen Gesellschaft zu oft ausbleiben und warum Betroffene sich gegenseitig nicht hören (können). Denn viel häufiger als zu Solidarisierungen kommt es im Kontext von Antisemitismus und Rassismus zu einer sogenannten Opfer-Konkurrenz zwischen den

2 Theodor Adorno: *Minima Moralia*. Frankfurt am Main: Suhrkamp 2014, S. 116.

3 Hatten doch im Mai und Juni 2006 Familienangehörige der Mordopfer des NSU Mehmet Kubaşık und Halit Yozgat in Schweigemärschen in Dortmund und Kassel unter dem Motto „Kein 10. Opfer" gemacht. Zum Kontext *„Wir klagen an!"*, S. 43.

Betroffenen – einer Konkurrenz, wer als Betroffene*r (durch die ‚deutsche' Dominanzgesellschaft) anerkannt wird. Wir wollen dazu beitragen, dieses Gegeneinander zu überwinden und stattdessen ein solidarisches Gespräch beginnen, wie es auch andere Initiativen momentan versuchen. Dafür blicken wir auf die gesellschaftlichen Mechanismen, die dieses Miteinander erschweren, und fragen: Wie hängen Antisemitismus und Rassismus zusammen? Was trennt die Betroffenen? Was sind Strategien, die eine Solidarisierung möglich machen könnten?

Einführend beschäftigen wir uns mit dem Verhältnis von Nationalsozialistischem Untergrund (NSU) und Antisemitismus. Der Antisemitismus gehört konstitutiv zum Weltbild des NSU; dennoch hat der NSU rassistische Morde und keine antisemitischen begangen. Der Antisemitismus des NSU wird fast nicht thematisiert. Wir spekulieren in diesem Abschnitt über mögliche Ursachen und ordnen das Verhältnis von NSU und Antisemitismus in die deutsche gesellschaftliche Öffentlichkeit ein. Anschließend beleuchten wir die (mediale) Aufmerksamkeit, die antisemitischen und rassistischen Taten zukommt. Was und wer wird gesehen, was bleibt unsichtbar – und warum? Abschließend schlagen wir Solidarisierungsmöglichkeiten zwischen Betroffenen von Antisemitismus und Rassismus und ihren Verbündeten vor.

1. NSU UND ANTISEMITISMUS Die Morde des NSU an Enver Şimşek, Abdurrahim Özüdoğru, Süleyman Taşköprü, Habil Kılıç, Mehmet Turgut, Ismail Yasar, Theodoros Boulgarides, Mehmet Kubaşık, Halit Yozgat und Michèle Kiesewetter zwischen 2001 und 2006 waren völkisch-rassistisch motiviert. Der NSU war Teil einer gut vernetzten und auf Kontinuitäten aufbauenden rechten Szene in Thüringen, Deutschland und über die Landesgrenzen hinaus. Fragt man nach der Bedeutung des Antisemitismus für den NSU, muss man sich genauer mit der Entwicklung und (ideologischen) Struktur dieser Netzwerke befassen. Der NSU hat, soweit man weiß, keine Morde an Jüd*innen verübt. Im – öffentlich kaum thematisierten – namentlichen Bezug auf den Nationalsozialismus ist die antisemitische ideologische Grundierung jedoch bereits eindeutig sichtbar. Doch welche Rolle spielte der Antisemitismus über den Bezug zum historischen Nationalsozialismus hinaus? Erstaunlicherweise wurde dem Zusammenhang von NSU und Antisemitismus sowohl in der gesellschaftlichen Debatte und medialen Berichterstattung als auch in der wissenschaftlichen Forschung kaum Beachtung geschenkt.[4]

EINE CHRONOLOGIE

Bereits vor dem Umzug des Kerntrios nach Chemnitz im Jahr 1998 fielen Thüringer Neonazis durch antisemitische Taten auf: Am 9. November 1995 wurde in Jena an einem Fernwärmerohr eine Puppe entdeckt, die mit einem gelben Stern markiert war.[5] 1996 wurde eine ähnliche Puppe auf einer Autobahnbrücke über der A4 aufgehängt.[6] Außerdem fand man dort zwei Bombenattrappen. Beide Taten werden dem Umfeld des NSU zugerechnet. Böhnhardt und Mundlos erregten 1996 Aufsehen, als sie in SA-ähnlichen Uniformen durch die KZ-Gedenkstätte Buchenwald

4 Eine Ausnahme ist der kurze Hinweis von Hajo Funke in NSU-Terror und Antisemitismus. Interview mit Prof. Hajo Funke. In: *BR.de*, 21.11.2015. http://www.br.de/interkulturell/nsu-antisemitismus-funke-100.html (Zugriff am 23.06.2017).

5 Stefan Aust/Dirk Laabs: *Heimatschutz. Der Staat und die Mordserie des NSU.* München: Pantheon 2014, S. 145.

6 Ebd., S. 161, 169.

liefen.[7] In der ausgebrannten Wohnung von Mundlos, Böhnhardt und Zschäpe in Zwickau fand man ein umgestaltetes Monopolyspiel namens *Pogromoly*. Ziel des Spiels ist es, möglichst viele Jüd*innen in Konzentrationslager zu deportieren.[8] Das selbstproduzierte Spiel wurde in der Szene verkauft und diente dem Kerntrio als Einkommensquelle. Auf Festplatten von Mundlos, Böhnhardt und Zschäpe befanden sich „Feindlisten": Neben ‚linken' politischen Gegner*innen, türkischen Vereinen, Moscheen, Kirchen, Parteien und Gemeindezentren gab es auch eine Liste mit 233 jüdischen Einrichtungen. Über diese Tatsachen hinaus gibt es Hinweise auf weitere Fälle, an denen der NSU beteiligt gewesen sein könnte. So besteht der Verdacht, dass Zschäpe im Mai 2000, ein halbes Jahr vor dem ersten Mord, die Synagoge Rykestraße im Berliner Stadtteil Prenzlauer Berg ausspähte.[9] Zwischen 1998 und 2002 wurden drei bislang unaufgeklärte Sprengstoffanschläge auf einen Friedhof an der Heerstraße in Berlin-Charlottenburg verübt: am Grab des ehemaligen Präsidenten des Zentralrats der Juden in Deutschland, Heinz Galinsky, und an der Trauerhalle. Es wird spekuliert, ob sie dem NSU zugerechnet werden können.[10]

Holocaustleugnung und -relativierung gehörten und gehören zum guten Ton der neonazistischen Szene (nicht nur) um Jena, Rudolstadt und Saalfeld, dem ideologischen wie organisatorischen Umfeld des NSU. Das Netzwerk des NSU knüpft in Traditionen, Feind- und Vorbildern an den Nationalsozialismus an. Sein Nährboden ist ein postnazistisches Deutschland.

Wer erklären will, weshalb jüdische Einrichtungen und Jüd*innen nicht im selben Maße wie Migrant*innen vom NSU angegriffen wurden, muss sich auf Spekulationen beschränken. Einige Anhaltspunkte wollen wir dennoch nennen: Jüdische Einrichtungen in Deutschland werden rund um die Uhr bewacht und jüdisches Leben spielt sich weitgehend hinter verschlossenen Türen ab. Damit ist es weniger sichtbar für die nichtjüdische Gesellschaft und möglicherweise auch weniger angreifbar. Das Bild von Jüd*innen, das der NSU und sein Umfeld hatten, speiste sich vor allem aus nationalsozialistischen und antisemitischen Bildern – nicht aber aus dem heutigen jüdischen Leben in Deutschland. Stattdessen tauchen Jüd*innen im NSU-Komplex im Kontext der Shoah auf: mit gelbem Stern und mit Referenz auf Konzentrations- und Vernichtungslager. Es sind die toten und verfolgten Jüd*innen der Vergangenheit, nicht die lebendigen der Gegenwart. Verschwörungstheorien spielen für die neonazistische Ideologie eine wichtige Rolle. So werden der damalige Bundeskanzler Helmut Kohl, die Bundesregierung und die Medien in den 1990er Jahren wiederholt in neonazistischen Publikationen als ‚jüdische Mächte' bezeichnet.[11] Dabei geht es nicht um reale Jüd*innen, sondern um eine Markierung von Nicht-Jüd*innen als Jüd*innen. Die nationalsozialistische Verfolgung von Jüd*innen und

7 Ebd., S. 190–192.

8 NSU Watch: Protokoll 127. Verhandlungstag, 15.07.2014. https://www.nsu-watch.info/2014/07/protokoll-127-verhandlungstag-15-juli-2014/ (Zugriff am 13.06.2017)

9 Jüdische Einrichtungen in NSU-Adresslisten. BKA Ermittlungen. In: *Tageschau*, 31.01.2017. https://www.tagesschau.de/inland/nsu-adresslisten-101.html (Zugriff am 31.05.2017).

10 Frank Jansen: NSU könnte für Anschläge in Berlin verantwortlich sein. In: *Der Tagesspiegel*, 07.10.2016. http://www.tagesspiegel.de/politik/juedischer-friedhof-heerstrasse-nsu-koennte-fuer-anschlaege-in-berlin-verantwortlich-sein/14656642.html (Zugriff am 13.06.2017).

11 Aust/Laabs: *Heimatschutz*, S. 69.

die Stereotypisierung, die an antisemitische Bilder seit dem 19. Jahrhundert anknüpft, bestimmen im Wesentlichen die Rolle, die Jüd*innen für den NSU-Komplex zu spielen scheinen.

Ob aber die in den 1990er und den frühen 2000er Jahren noch weit stärker als heute ausgeprägte Nichtsichtbarkeit jüdischen Lebens ein Grund dafür ist, dass Jüd*innen nicht zu Opfern einer Anschlagserie geworden sind, können wir nicht sagen. Ebenso wenig wie wir einschätzen können, ob es die Sicherheitsmaßnahmen zum Schutz jüdischer Einrichtungen waren, die Angriffe durch den NSU verhindert haben.

Wichtig ist uns, die antisemitischen Taten und Einstellungen des NSU nicht in ein Konkurrenzverhältnis zu den rassistischen Morden und Angriffen zu setzen, sondern hervorzuheben, dass die antisemitischen Bestandteile der neonazistischen Ideologie Hand in Hand mit den rassistischen Einstellungen und Anschlägen gehen. Wenngleich wir heute in einer Demokratie leben, sind Rassismen und Antisemitismen in dieser Gesellschaft nach wie vor deut- und wirkmächtig. Das ist ein Grund dafür, dass ‚wir' alle den rassistischen Hintergrund der Morde des NSU lange nicht erkannt haben.

ANTISEMITISMUS UND RASSISMUS IN DER ‚DEUTSCHEN' DOMINANZGESELLSCHAFT

Der moderne Antisemitismus besteht auch nach der Shoah in Deutschland fort.[12] Dies bestätigt jüngst der Bericht des Unabhängigen Expertenkreises Antisemitismus, beauftragt durch den Deutschen Bundestag.[13] Gleichwohl hat der Antisemitismus im postnazistischen Deutschland eine spezifische Strukturveränderung erfahren: Antisemitische Ressentiments werden nicht offen und laut skandiert, sondern ziehen sich auf Andeutungen zurück und bleiben meist latent. Sie werden in Ersatzkommunikationen wie Antizionismus oder Antikommunismus umgeleitet oder finden Ausdruck in der Forderung nach einem ‚Schlussstrich' unter die NS-Geschichte. Direkte öffentliche antisemitische Äußerungen dagegen werden zumeist sanktioniert, es gibt für sie eine weitreichende Sensibilisierung unter Politiker*innen und Journalist*innen. Diese Skandalisierbarkeit von Antisemitismus führt im Umkehrschluss aber auch dazu, dass viel Energie darauf verwendet wird, seine Nicht-Existenz nachzuweisen. Dadurch erfährt er eine Tabuisierung, die eine Kritik an ihm delegitimiert. Zudem gibt es mit dem Zentralrat der Juden ein – wenn in anderer Hinsicht auch problematisches – Organ, das für Jüd*innen spricht und sie verteidigt. Ihm wird öffentlich Gehör geschenkt, oftmals sogar Deutungshoheit zugestanden.[14]

Der Begriff Rassismus wird in Deutschland hingegen noch nicht lange zur Bezeichnung von rassistisch motivierten Taten und Einstellungen verwendet.[15] Er verweist unmittelbar

12 Wir verzichten in diesem Text auf eine theoretische Auseinandersetzung mit der Geschichte des Antisemitismus, die an anderer Stelle nachzulesen ist (einführend z. B. Wolfgang Benz: Antisemitismus im 19. und 20. Jahrhundert. In: *bpb.de*, 27.11.2006. http://www.bpb.de/politik/extremismus/ antisemitismus/37948/19-und-20-jahrhundert (Zugriff am 11.06.2017)).

13 *Antisemitismusbericht des Unabhängigen Expertenkreises Antisemitismus*, beauftragt durch den Deutschen Bundestag, vorgestellt im April 2017.: https://www.bundestag.de/dokumente/textarchiv/2017/kw17-antisemitismus/502770 (Zugriff am 13.06.2017).

14 Wolfgang Benz hat eine Sammlung antisemitischer Briefe an den Zentralrat der Juden dokumentiert (ders.: *Was ist Antisemitismus?* Beck: München 2005). Auffällig ist, dass eine große Anzahl der Briefe anonym verschickt wurde, und wie Antisemitismus nicht öffentlich ausgedrückt wird.

15 Zur Begriffsverwendung Informations- und Dokumentationszentrum für Antirassismusarbeit in Nordrhein-Westfalen: Begrifflichkeit:

auf die nationalsozialistische Rassenideologie, von der sich die deutsche ‚demokratische' Gesellschaft distanzieren wollte. Dennoch war antirassistische Arbeit nicht Teil der Re-Education-Maßnahmen der Alliierten in der direkten Nachkriegszeit nach 1945. Es fand vielmehr eine Verleugnung dieser Kontinuitäten statt, die sich in der Nichtverwendung des Rassismusbegriffs[16] für Taten, Aussagen und Haltungen in der Bundesrepublik spiegelt.[17] Dies verhinderte die Auseinandersetzung mit Rassismus als menschenverachtender Einstellung und Praxis – die eine Kontinuität zum Nationalsozialismus darstellt.[18]

Im Vergleich zum Antisemitismus ist die gesellschaftliche und öffentliche Ahndung von rassistischen Aussagen und Taten auch gegenwärtig noch viel geringer. Selten erweckt es mediales Interesse, wenn Polizist*innen Menschen auf der Basis von Racial Profiling überprüfen. Muslimische, italienische oder andere migrantische Vertreter*innen, bspw. des jeweiligen Zentralrats, werden nicht im selben Maße gehört wie etwa der Zentralrat der Juden in Deutschland. Rassismus ist öffentlich sagbarer und bleibt zu oft als solcher unbenannt und unwidersprochen.

Dies ist wesentliches Hintergrundwissen, um besser zu verstehen, warum die Betroffenen von rassistischer Gewalt in Deutschland selten Aufmerksamkeit bekommen. Der unterschiedliche Grad an öffentlicher Aufmerksamkeit könnte für den NSU kalkulierbar gewesen sein. Aber auch das bleibt eine Spekulation – und doch: Hätte der NSU einen antisemitischen Mord – oder gar eine Mordserie an Jüd*innen mit derselben Waffe – begangen, hätte es wahrscheinlich eine größere, auch internationale Aufmerksamkeit für die Taten und einen erheblich höheren Verfolgungsdruck auf die Täter*innen gegeben. Die antisemitischen Taten – wie jene genannte symbolische Erhängung einer als jüdisch markierten Puppe – scheinen dezidiert auf eine öffentliche Reaktion abgezielt zu haben, während die Mordserie auch deshalb so lange fortgesetzt werden konnte, weil sie wenig öffentliche Empörung auslöste.

2. (UN-)SICHTBARKEITEN JÜDISCHEN UND MIGRANTISCHEN LEBENS IN DEUTSCHLAND Ein weiterer Aspekt, der ein Grund dafür sein könnte, weshalb der NSU, soweit bekannt, keine antisemitischen Morde begangen hat, sind die bestehenden Unterschiede in der (Un-)Sichtbarkeit jüdischen und migrantischen Lebens in Deutschland. Die Opfer des NSU waren Kleinunternehmer*innen. Sie waren Teil der Öffentlichkeit. Ihre Namen waren türkischen oder griechischen Ursprungs.

Ausländerfeindlichkeit, Fremdenfeindlichkeit, Rechtsextremismus oder Rassismus? http://www.ida-nrw.de/rassismus/aktuelles/begrifflichkeit/ (Zugriff am 11.06.2017).

16 So war bis in die frühen 2000er Jahre der Begriff ‚Fremdenfeindlichkeit' gebräuchlich. Problematisch ist die in ihm angelegte Unterscheidung von ‚fremd' und ‚nicht fremd', die die Perspektive einer vermeintlich autochthonen Mehrheit einnimmt, als sei die Angst vor dem ‚Fremden' menschlich und dadurch legitim. Auch die Bezeichnung ‚Ausländer' bzw. ‚Ausländerfeindlichkeit', die bis in die frühen 2000er Jahre Menschen meinte, die nicht als deutsch ‚gelesen' wurden, ersetzte eine Benennung von Rassismus. Zur Begriffsklärung vgl. z. B. den Lexikoneintrag Fremdenfeindlichkeit? Nein, Rassismus. In: *Belltower News*, 01.01.2015. http://www.belltower.news/artikel/fremdenfeindlichkeit-10422 (Zugriff am 11.06.2017).

17 Dabei ist Antisemitismus wie der „Rassismus ein Produkt der europäischen Moderne." (Yasemin Shooman: Antisemitismus, Rassismus und Islamfeindlichkeit. In: Katharina Rauschenberger / Werner Konitzer (Hrsg.): *Antisemitismus und andere Feinseligkeiten. Interaktionen von Ressentiments.* Frankfurt am Main / New York: Campus: 2015, S. 125–156, S. 146.)

18 Christian Geulen: Warum ist es so schwer, von Rassismus zu sprechen? In: *bpb.de*, 08.12.2015. https://www.bpb.de/politik/extremismus/rechtsextremismus/213691/warum-ist-es-so-schwer-von-rassismus-zu-sprechen (Zugriff am 11.06.2017).

Sie waren damit vom NSU als ‚nicht-deutsch' ‚identifizierbar'.[19] Einige von ihnen waren Kinder ehemaliger sogenannter Gastarbeiter*innen. Hatten ihre Eltern noch am Fließband – häufig eher hinter verschlossenen Türen – gearbeitet, so war es ihnen gelungen, ein sichtbarer Teil der Gesellschaft zu werden. Beim örtlichen Gemüsehändler einzukaufen, gehört zum Alltag, und diese Facette des sichtbaren postmigrantischen Alltags hat der NSU angegriffen.

Jüdisches Leben in Deutschland hingegen ist bis heute viel weniger sichtbar. Sicherlich gehören auch Jüd*innen zum Alltag dieser Gesellschaft, sie sind aber meist nicht als solche erkennbar. Sie thematisieren ihr eigenes Jüdischsein in der Öffentlichkeit eher selten, auch weil die nichtjüdische Gesellschaft im Umgang mit lebendigen Jüd*innen nicht besonders souverän ist und sie mit antisemitischen Reaktionen auf visuelle Erkennbarkeit rechnen müssen.[20] Außer in großen Städten leben Jüd*innen häufig vereinzelt. Ferner begleitet sie immer noch und immer wieder die Angst vor antisemitischen Anfeindungen. Es gibt in Deutschland viele jüdische Orte, viele Organisationen und Institutionen, die jüdische Veranstaltungen und Treffen durchführen. Viele Jüd*innen leben ihre jüdische Identität nur bei spezifischen Veranstaltungen, die unter Ausschluss der Öffentlichkeit stattfinden.

Was jüdisches Leben in Deutschland in seiner Vielfalt ist, wird dadurch kaum sichtbar. Dass die Mehrheit aller Jüd*innen eine Migrationsgeschichte in der Familie hat und oft zwei Pässe besitzt, ist nur ein Beispiel für diese Diversität – und für die Nähe jüdischer Positionen zur migrantischen. Sie werden häufig nicht als jüdisch, sondern als migrantisch gelesen oder andersherum, da die unterschiedlichen Kodierungen einander überlagern. Und genau das ist Teil des Problems, welches eine Solidarisierung und ein gemeinsames Einstehen für eine Gesellschaft der Vielen bislang noch verhindert.

3. (UN-)MÖGLICHKEITEN VON SOLIDARISIERUNGEN Es gibt viele Ursachen dafür, dass Solidarisierungen zwischen von Antisemitismus und Rassismus betroffenen Menschen ausbleiben. Sie hängen zusammen mit der (Un-)Sichtbarkeit jüdischen Lebens, mit der unterschiedlichen Aufmerksamkeit für Rassismus und Antisemitismus und mit der (medialen) Darstellung der jeweiligen Betroffenheitsgruppen.

Ein Beispiel dafür ist die mediale Repräsentation von jüdischen Themen und Jüd*innen. Gemessen an der tatsächlichen Größe der jüdischen Minorität sind Jüd*innen weitaus sichtbarer als nichtjüdische Migrant*innen. Dabei wird häufig übersehen, dass in der medialen Repräsentation oft stereotype Bilder von Jüd*innen verwendet werden, tatsächliches jüdisches Leben hingegen unsichtbar bleibt. Denn erstens sind es zumeist nicht Jüd*innen, die die Deutungshoheit über diese öffentlichen Repräsentationen haben. Die in Emanzipationsbestrebungen oft angenommene Formel, dass mehr Sichtbarkeit auch mehr (gesellschaftliche) Anerkennung bedeutet, geht gerade am Beispiel der Jüd*innen in Deutschland nicht auf.[21] Viel

19 Allerdings muss darauf hingewiesen werden, dass dies nicht bei allen Opfern der Fall war – an einigen Geschäften war die migrantische Herkunft der Betreiber*innen nicht sichtbar, so etwa beim Anschlag auf das Lebensmittelgeschäft in der Kölner Probsteigasse. Hier muss deshalb von der Existenz ortskundiger Unterstützer*innen ausgegangen werden.

20 Im Detail nachzulesen z. B. im *Antisemitismusbericht des Unabhängigen Expertenkreises Antisemitismus*.

21 Sichtbarkeit wird in Zusammenhang mit gesellschaftlichen Minoritäten häufig als positiv besetzter Begriff

eher entsteht eine Unsichtbarkeit bei gleichzeitiger Überrepräsentation – oder sogar durch eben diese. Daraus resultiert der Eindruck einer großen Sichtbarkeit, die vorschnell mit Anerkennung gleichgesetzt wird. Dem steht eine weitgehende Unsichtbarkeit auf der nichtjüdischen migrantischen Seite entgegen.

Ferner finden Jüd*innen oft nur dann Gehör, wenn sie sagen, was von ihnen erwartet wird – also bestimmte Bilder und Stereotype erfüllen. Feministische oder linke jüdische Stimmen werden viel seltener wahrgenommen oder müssen sich eine öffentliche, selbstbestimmte Wahrnehmung (auch) erkämpfen. Die Ausblendung dieser ‚anderen' jüdischen Positionen führt zu einer Unsichtbarkeit jüdischer Diversität und gleichzeitig erweckt sie den Eindruck einer großen – oder im Vergleich gedacht größeren – Möglichkeit zur (Selbst-) Repräsentation und Teilhabe an medialen Diskursen für Jüd*innen. Dies kann zu einer konkurrierenden Haltung unter marginalisierten Gruppen beitragen und damit Solidarisierungen erschweren und verhindern.

Ein weiteres Beispiel ist der Eindruck, dass gegen Antisemitismus entschlossen und mit der ‚ganzen Härte des Gesetzes' vorgegangen werde. Hier besteht ein Gegensatz zum gesellschaftlichen Umgang mit rassistischer Ausgrenzung und Gewalt, der vor allem durch Übersehen, Tolerieren und Ermöglichen bestimmt ist. Allerdings ist es zugleich zentral, dass das gesellschaftliche Tabu den existierenden Antisemitismus häufig lediglich unsichtbar macht: erstens, indem viel Energie darauf verwendet wird, zu beweisen, dass es sich bei Aussagen und Taten nicht um Antisemitismus handele; und zweitens, indem antisemitische Gewalt gerade im medialen Diskurs zunehmend ‚ethnisiert' wird:[22] Antisemitismus wird zum ‚Problem' der ‚Anderen' erklärt, denen diese Haltung und dieses Handeln zugeschrieben werden.[23] Natürlich gibt es Antisemitismus in migrantischen Communities, dem es klar entgegenzutreten gilt. In der deutschen Berichterstattung zeigt sich aber, dass dem von Migrant*innen geäußerten Antisemitismus weit mehr Aufmerksamkeit zukommt als dem aus der sogenannten Mitte der Gesellschaft oder dem der neonazistischen Szene[24] – wie auch dem deutschen Terror des NSU und der damit verbundenen Neonazistrukturen weniger Gefahrenpotential zugerechnet wird als dem islamistischen Terror, ungeachtet der Statistiken.[25]

verwendet, ihre Zunahme mit einem Zuwachs an Macht, politischer Partizipation und gesellschaftlicher Anerkennung gleichgesetzt. (Vgl. Johanna Schaffer: *Ambivalenzen der Sichtbarkeit. Über die visuellen Strukturen der Anerkennung*. Bielefeld: Transcript 2008.)

22 Melanie Wieschalla: Ethnisierung von Straftaten. Diskursanalytische Betrachtung der Berichterstattung über Angriffe auf Synagogen. In: *DISS-Journal* 30 (2015), S. 32–33.

23 2017 ist dies wieder einmal in der Debatte um den antisemitischen Vorfall an einer Schule in Berlin-Friedenau deutlich geworden. Problematisiert wurde der Antisemitismus von sogenannten arabischstämmigen Jugendlichen (die in der Mehrheit in Deutschland geboren und aufgewachsen sind). Nicht thematisiert wurde der Kontext, in dem die Jugendlichen aufgewachsen sind: in der deutschen Gesellschaft, die offensichtlich Nährboden für Antisemitismus bietet. Nicht thematisiert wurde ebenso die gesellschaftliche Unfähigkeit, diesem zu begegnen. Das wurde anhand des Verhaltens der Schulleitung deutlich sowie dadurch, dass die Erfahrung der Betroffenen kaum thematisiert wurde.

24 Im Detail nachzulesen z. B. im *Antisemitismusbericht des Unabhängigen Expertenkreises Antisemitismus.*

25 Der Fall des Amoklaufs in München im Juli 2016 ist hierfür interessant. Der rechtsradikale Hintergrund wird erst seit einigen Wochen als Tatmotiv diskutiert. Dabei waren die Zielpersonen des Amokläufers Menschen mit ‚Migrationshintergrund' (vgl. Peter Kveton: Amoklauf von München. Racheakt oder rechtsextreme Gewalt. In: *BR.de*, 08.06.2017. http://www.br.de/nachrichten/amoklauf-muenchen-gruene-rechtsextremismus-100.html (Zugriff am 13.06.2017)). Im Gegensatz dazu wird über islamistische Motive stets unmittelbar nach einer solchen Tat diskutiert.

Die Annahme, antisemitische Taten gegen Jüd*innen und ihre Institutionen würden primär von Muslim*innen verübt, bedeutet, dass sich die ‚deutsche' Dominanzgesellschaft nicht mit ihrem eigenen Antisemitismus auseinanderzusetzen braucht, sondern ihn auslagern und zugleich einen rassistischen Ausschluss begründen kann. Das macht diesen Mechanismus doppelt perfide: Antisemitismus als Problem der ‚Anderen' verunmöglicht eine kritische Reflexion auf den ‚eigenen' Antisemitismus. Zugleich erlaubt die Externalisierung, den eigenen Rassismus gegen Migrant*innen mithilfe ihres (vermeintlichen) Antisemitismus zu rechtfertigen.

Auch Jüd*innen verhalten sich zu solchen Deutungen affirmativ, ebenso wie sie in eine exkludierende Konstruktion eines ‚christlich-jüdischen Wir' gegenüber muslimischen Migrant*innen eintreten. Es wundert wenig, dass diese Einstimmung von der ‚deutschen' Mehrheit häufig dankend angenommen wird.

Alle jüdisch-migrantischen Solidarisierungsprojekte müssen sich zunächst gegen diese argumentativen und gesellschaftlich wirkmächtigen Konstruktionen wehren, indem sie sie erst verstehen und dann unterbrechen lernen – um die Bedingungen zu schaffen, unter denen es selbstverständlich wird, dass „Betroffene und Opfer, die Hauptzeugen des Geschehenen, sprechen und anklagen" (Ibrahim Arslan). Für das politische Ziel der Gesellschaft der Vielen, dass ein gemeinsames ist, ist die Sichtbarkeit und Hörbarkeit der tatsächlichen gesellschaftlichen Diversität eine notwendige Voraussetzung. ‚Wir' alle müssen uns mit den Opfern und Betroffenen rassistischer bzw. antisemitischer Gewalt „identifizieren", wie Ibrahim Arslan fordert. Diese Gewalt muss uns treffen, weil sie ein Angriff auf unsere Vorstellung von gesellschaftlichem Zusammenleben ist. Wir alle müssen bereit sein, den Rassismus wie den Antisemitismus in den eigenen Reihen klar zu benennen und zu verurteilen.[26] ‚Wir' alle dürfen uns nicht auf die geforderten (rassistischen) Allianzen einlassen, die unsere Ohren taub machen und unterschiedliche Betroffenheiten gegeneinander ausspielen: „Wir alle haben die Pflicht, Verantwortung zu übernehmen, solidarisch mit den Opfern rassistischer Gewalt zu sein und ihnen zur Seite zu stehen, zuzuhören und ihnen das Gefühl zu geben, dass sie nie wieder alleine sein werden." (Esther Bejarano)

Diese Forderungen sind banal und schwierig zugleich. Als Workshopleiterinnen während des *Tribunals „NSU-Komplex auflösen"* und als Autorinnen dieses Textes haben wir keine fertigen Lösungsvorschläge. Unsere Überlegungen sind ein erster Schritt, um die Lücke zu füllen, um gemeinsam über diese Mechanismen des Übersehens, des Ab- und Ausgrenzens nachzudenken, um die wirkmächtigen Verschränkungen zwischen Antisemitismus und Rassismus besser zu verstehen, den Umgang damit in der deutschen Gesellschaft, die dadurch produzierten Ängste und Ausschlüsse. Wir haben viele Fragen, wenige Antworten und wollen eben diese gemeinsam finden, um – im Sinne Ibrahim Arslans – die „Ketten des Schweigens" zu brechen.

26 An dieser Stelle möchten wir betonen, dass es uns nicht um das Herunterspielen von Antisemitismus oder Rassismus geht. Im Gegenteil, wir fordern mehr Aufmerksamkeit für die Betroffenen und einen sensiblen Umgang mit den gegenseitigen Betroffenheiten.

UNIVERSALISTISCHE MORAL UND DEUTSCHE IDENTITÄT: KARL-OTTO APEL (1922–2017)

MICHA BRUMLIK

Am 15. Mai dieses Jahres starb in Wiesbaden der am 15. März 1922 in Düsseldorf geborene Philosoph Karl-Otto Apel, der nach Professuren in Kiel und Saarbrücken von 1972 bis zu seiner Emeritierung 1990 an der Goethe-Universität in Frankfurt am Main Philosophie lehrte. Apel war ein für mich höchst bedeutender akademischer Lehrer, ein Philosoph, der nicht nur als Weggefährte und Inspirator von Jürgen Habermas maßgeblichen Anteil daran hatte, auf der Basis sprachphilosophischer Überlegungen den bis weit in die 1960er Jahre reichenden methodischen Solipsismus in Form einer von ihm so genannten Transzendentalpragmatik zu überwinden suchte. Dies tat Apel nicht zuletzt unter dem Eindruck der von ihm in der Bundesrepublik bekanntgemachten Philosophie des US-amerikanischen Pragmatismus, vor allem von Charles Sanders Peirce, dem er den Gedanken entnahm, dass das Telos und die Voraussetzung aller vernünftigen, d. h. sprachlichen, begründenden Kommunikation eine *unbegrenzte Kommunikationsgemeinschaft* sei.

Allerdings: Apels gesamtes philosophisches Werk kann auch als eine kritische Reaktion auf das Versagen der deutschen Philosophie, des ‚deutschen Geistes' in der NS-Zeit verstanden werden – schließlich war Apel selbst noch Soldat in Hitlers Wehrmacht. 1990 haben daher mein Freund Hauke Brunkhorst und ich Apel zu diesem Abschnitt seines Lebens und zum Problem deutscher Identität, deutschen Selbstverständnisses für das Vorgängerprojekt von *Jalta*, für *Babylon*, interviewt. Anlässlich seines Todes gedenken wir dieses bedeutenden Philosophen durch den ungekürzten und unveränderten Wiederabdruck des in *Babylon* (7/1990) erschienenen Gesprächs. *Jalta* dankt der Chefin des Verlags Neue Kritik, Dorothea Rhein, für die freundliche Genehmigung des Wiederabdrucks.

Karl-Otto Apel – *Sichrono le Brachah*

KONTINGENTE IDENTITÄT UND HISTORISCHE HAFTUNG

Ein Gespräch mit Karl-Otto Apel

MICHA BRUMLIK / HAUKE BRUNKHORST

HAUKE BRUNKHORST: Da unsere geschichtliche Identität nicht in dem Sinne etwas Zufälliges ist wie unsere Geburt, ergeben sich aus dieser Identität auch Verantwortlichkeiten, die in die Vergangenheit zurückreichen. Aber reichen sie auch vor die eigene Geburt zurück? In welchem Sinne kann von einer Haftung der jetzigen Generation für Auschwitz die Rede sein? Ich möchte eine weitere Frage anschließen. Ich denke, daß sich diese besondere Verantwortlichkeit vielleicht auch gerade heute zeigt. Blickt man nun auf den deutschen Kontext, so ist die Freude über den Fall der Mauer, über die Befreiung von der stalinistischen Diktatur in Ost-Berlin und über das sich abzeichnende Ende dieser entsetzlichen Pathologie des Ost-West-Konflikts sicherlich ziemlich ungeteilt. Aber auf der Linken gibt es spätestens an dem Punkt skeptische Fragen, an dem die Befreiungsbewegung zu einer nationalen Bewegung wird und die deutsche Frage in einen Vorrang vor der Frage nach der Demokratie, der Freiheit, der Gerechtigkeit hineinzurutschen beginnt. Meine Frage ist nun, sollte es, und wenn ja, warum sollte es eine besondere Sensibilität und vielleicht sogar Berührungsangst vor der nationalen Frage gerade in Deutschland geben? Anders formuliert: Ist nicht vielmehr das Besondere, was wir aus der deutschen Katastrophe gelernt haben könnten, daß es keine Rückkehr zur nationalen Normalität mehr geben kann, hinter die *postkonventionellen* Ideen von 1789 ... ?

KARL-OTTO APEL: Ich würde zunächst einmal sagen, daß die jetzige Situation eine Probe darstellt für das, was ich eigentlich gemeint habe mit: „Was könnten wir Besonderes gelernt haben?“ Im positiven Sinne bedeutet das jetzt, unserer Identität gerecht zu werden. Nämlich einerseits der *postkonventionellen* Identität – früher hätte man mit Kant gesagt, eines Vernunftwesens – ich würde ja lieber im Sinne der Diskursethik sagen, eines Mitglieds der postkonventionell gedachten idealen Kommunikationsgemeinschaft aller Menschen. Andererseits kommt es aber auch darauf an, den andern Modi der Identität gerecht zu werden, die nach wie vor für uns gültig sind: Wir haben auch eine *kontingente* Identität. Wir sind geboren als diese bestimmten Individuen, damit ist auch eine kontingente Identität gegeben; das steht im Paß, wie Herr Lübbe immer sagt. Daß ich als ein Deutscher geboren bin (als Sohn z. B. des Kaufmanns Otto Apel und seiner Ehefrau Elisabeth geborene Gerritzen), ist schon der Einstieg in die kontingente Identität. Das besagt eben auch, daß ich ein Sohn dieses Volkes bin und daß ich in die Tradition dieser sozio-kulturellen, geschichtlichen Tradition dieses Volkes hineingeboren bin. Ich habe aber auch durch mein weiteres Leben diese Tradition als Kulturerbe angenommen und verdanke ihr meine kulturelle Sozialisation. Darauf beruht es, daß ich eine Haftung trage. Auch dann, wenn von einer individuellen Schuld keine Rede sein kann, kann ich nicht verleugnen, daß ich mit haften muß für das, was da angerichtet worden ist von diesem Volk. Gemäß meiner angenommenen kontingenten Identität als Sohn dieses Volkes bin ich in diese Haftung mit hineingeboren und hineingewachsen. (In meinem Fall gilt zum Beispiel, daß ich auch noch lange hineingewachsen bin, z. B. daß ich fünf Jahre lang Soldat gewesen bin; das kann ich nicht mehr rückgängig machen. Die zweite Geburt als Philosoph habe ich sozusagen erst danach erfahren.) Damit sind schon zwei Modi der Identität genannt, denen man meines Erachtens Genüge tun muß: der posttraditionalen Identität des Vernunftwesens als des Weltbürgers und der soziokulturellen Identität im Sinne einer nationalen Tradition. Man könnte zweifellos die Differenzierung auch noch weitertreiben: Ich bin z. B. auch ein Europäer, und es freut mich sogar, daß ich Europäer bin; aber da gibt es – wie bei der nationalen Identität – auch Gefahren einer Verabsolutierung dieser kontingenten Identität, die in einigen Jahren sehr aktuell werden könnten, wenn sich hier die große neue Wohlstandssphäre EG gegründet hat und wir dann in die Versuchung kommen könnten, das zu tun, was die Amerikaner jetzt machen. Die bauen ja, wie man hört, eine Art Mauer am Rio Grande gegen Mexiko, gegen die armen Vettern.

MICHA BRUMLIK: Läßt sich denn philosophisch plausibilisieren, warum wir Haftung übernehmen müssen für die kontingenten Kollektive, in die wir kontingentermaßen hineingeboren sind? Man kann ja sagen, wenn das wirklich kontingent ist, dann ist das eben kein vernünftiger Grund.

K-OA: Das ist gar keine leichte Frage. Man mußt sehr genau überlegen, wie das zu begründen ist. Nehmen wir einmal an, ich wäre zufällig als Deutscher geboren worden, dann sofort mit meinen Eltern emigriert und in einem anderen Land aufgewachsen, wäre nie deutscher Soldat geworden, hätte mit diesem Schicksal gar nichts zu tun. Dann, würde ich glauben, würde die kontingente Tatsache, daß ich hier als Deutscher geboren bin, kaum eine Rolle spielen, dann könnte man auch nicht von Haftung reden. Aber so ist die Sachlage ja nicht. Ich bin ja wirklich in dieser Tradition groß geworden, bin auch Nutznießer dieser deutschen Kultur gewesen. Ich bin darin erzogen worden, habe kraft dieser Tradition einen gewissen Standard der kulturellen Überlieferungen übernehmen können. Da waren ja auch viele positive Werte, die ich da benutzt, ausgebeutet, exploitiert habe, an denen ich Anteil gehabt habe. Und weiterhin habe ich mich damit bewußt identifiziert. Ich, mit meiner ganzen Klasse, bin z. B. freiwillig Soldat geworden – das ist nun mal so – und damit habe ich mich natürlich schon gewaltig engagiert. Das heißt zwar alles noch nicht, daß ich individuelle Schuld auf mich genommen hätte, obwohl das in dem Zusammenhang leicht hätte sein können. Aber ich denke doch, daß ich so mit diesem Volksschicksal verwachsen bin und daran im Guten wie im Bösen so teilhabe, daß ich nicht leugnen kann, daß ich diese Haftung habe. Ich glaube, wenn ich z. B. in meinem späteren Leben um meines Fortkommens willen, wie ja manch einer nach '45, ausgewandert wäre, selbst dann, würde ich meinen, bleibt etwas davon übrig. Aber ich bin ja hiergeblieben nach '45, hab' ja hier auch studiert und bin ja schließlich hier Hochschullehrer geworden. Ich will damit nur andeuten, daß mit dem Hineinwachsen in meine kontingente Identität auch die Haftung gewachsen ist. Also, würde ich sagen, stehe ich heute – um das wieder zusammenzufassen und zum Ausgangspunkt zurückzukehren – wie viele Deutsche vor der Aufgabe, jetzt gewissermaßen die postkonventionelle Identität des Mitglieds der idealen Kommunikationsgemeinschaft der Menschheit – auch der realen Kommunikationsgemeinschaft der Menschen insgesamt, das ist davon nochmal zu unterscheiden – in das richtige Verhältnis zu setzen zu der Kontingenz der natürlichen und vor allem der geschichtlich-traditionellen Identität, deren ich teilhaftig bin als ein Deutscher. Nun käme sozusagen das Problem, wie man dieser Aufgabe angesichts der jüngsten Ereignisse der Geschichte besonders in der DDR – in Osteuropa insgesamt, aber vor allem in der DDR –, wie man dieser Aufgabe gerecht zu werden hätte.

Ich gehe Probleme gerne so an, daß ich mir erstmal die extremen, polarextremen Lösungsmöglichkeiten rein fiktiv vor Augen führe. Ich würde meinen, daß da zwei Extreme sofort sichtbar werden. Auf der einen Seite wäre da ein luftiger Idealismus, der völlig in den Wind schlagen würde, daß man eben Deutscher ist und diese Haftung nicht nur im Sinne eines Verantwortlich-Seins für Negatives trägt, sondern auch, daß man dieser nationalen Tradition etwas verdankt und dem gegenüber eine Identifikationsverpflichtung trägt. Also das eine Extrem wäre, sich jetzt nur auf die postkonventionelle Vernunftidentität oder die Identität des Mitglieds einer idealen Kommunikationsgemeinschaft berufen zu wollen. Das würde einfach ins Komische, ins Lächerliche geraten und würde die ganze Idee der Transzendentalpragmatik und der Diskursethik in Mißkredit bringen. Auf der anderen Seite aber gibt es die Gefahr, die Sie schon angedeutet haben, nämlich daß jetzt die Gefühle mit einem durchgehen: die patriotischen und nationalen Gefühle, die bei mir z. B. durchaus da sind. (Ich muß da ganz ehrlich sein: Damit habe ich als Älterer noch mehr zu tun, das ist nun mal so, man ist ja schließlich Soldat gewesen, und man hat sich ja enorm dafür engagiert, und man hat das alles in einer Weise erlebt, wie das andere vielleicht nicht erlebt haben, und das ist nicht rückgängig zu machen.) Da droht natürlich jetzt auch die Gefahr der Rückkehr zu einer Normalität, die für uns eigentlich nicht mehr in Frage kommen sollte, nämlich mit einer gewissen Naivität wieder zu einem Patriotismus und Nationalismus zu gelangen, wie er im 19. Jahrhundert für alle Völker Europas selbstverständlich war. Man hat ja damals diesen Chauvinismus von 1914 die „Ideen von 1914" genannt. Fast bei allen europäischen Nationen war das in erstaunlicher Weise so, bis in die erlauchtesten Kreise der Intellektuellen. Dazu sollte es nicht mehr kommen ...

HB: Kaum ein deutscher Professor hat die Kriegszielpolitik des Kaiserreichs nicht unterschrieben ...

K-OA: Ja. Ja ... und auch chauvinistische Wörter in den Mund genommen, grotesk, im Mund eines Intellektuellen ...

HB: Die „Ideen von 1914" standen gegen die Ideen von 1789.

K-OA: Obwohl – das hat Lyotard recht schön herausgearbeitet in einem Aufsatz in der Zeitschrift *Critique* – die Ideen von 1789 sehr bald mit der „levée en masse" in nationalistische Ideen umgeschlagen sind. Aber es ist gewiß übertrieben, wie Lyotard darin gleich schon das völlige Scheitern dieser Ideen sieht. Jedenfalls habe ich die zwei Extreme der Gefährdung jetzt aufgezeigt. Nur dazwischen kann m. E. der Weg für uns liegen, die Reaktion, die jetzt von uns erwartet wird – von denen von uns mindestens, die das alles bewußt geistig verarbeitet haben und die damit auch entsprechende Verantwortung tragen. Ich will hier nicht sagen, daß ich nun etwa dem Gedanken der nationalen Wiedervereinigung in schroffer Weise entgegentreten wollte. Das halte ich auch nicht für ein Erfordernis. Unsere Haltung muß auch natürlich sein, in dem Sinne, wie es für andere Völker Europas auch verständlich ist, daß die Deutschen jetzt ihre Selbstbestimmung ausüben wollen. Dazu haben sie auch ein Recht. Aber natürlich sollten sie jetzt auch zeigen, daß sie etwas gelernt haben und daß sie sich voll der Verantwortung bewußt sind, die man hier mitten in Europa als Mitglied eines fast 80 Mill. Volkes trägt, vor dem die Welt eine historisch begründete Angst hegt hinsichtlich der Möglichkeit neuer Machtbestrebungen.

MB: Ich will nochmal nachfragen. Sie haben ja die eine Möglichkeit gleichsam für lächerlich erklärt, wenn man sich nun im Sinne einer postkonventionellen, universalistischen Ethik nur noch auf die Identität als Vernunftwesen zurückziehen würde. Aber bestünde nicht die Möglichkeit, sich in einer, sagen wir, internationalistischen oder kosmopolitischen Art und Weise als Mitglied einer im Entstehen begriffenen Weltgesellschaft zu begreifen, in der dann natürlich Verantwortungen noch einmal ganz anders sortiert werden? Und ist es nicht doch so, daß die Idee der Nation an ein bürgerliches Zeitalter geknüpft ist, das nun eben doch allmählich seinem Ende entgegengeht? Könnte es nicht sein, daß eine derartige Debatte über die Nation noch einmal Schlachten schlägt, die, sagen wir, objektiv bereits vorüber sind?

K-OA: Ja, das ist meines Erachtens eine Frage, die man differenzierter behandeln müßte. Sehen Sie, ich bin ja zuerst mal gelernter Historiker gewesen, bevor ich Philosoph geworden bin; und solche Situationen bringen mich immer dazu, konkreter werden zu wollen. Zunächst einmal, um an dem einen Pol anzufangen: Ich bin der Letzte, der heute keine Menschheitsaufgaben sieht. Ich sehe z. B. auf dem Gebiet der ökologischen Verantwortung für die Auswirkungen unserer industriell-technischen und auch ökonomischen Aktivitäten heutzutage Probleme und Aufgaben, die einen planetaren Charakter haben, und ich habe in diesem Sinne gerade in der letzten Zeit viele Aufsätze über planetare Makroethik geschrieben. Aber es ist im schlechten Sinne abstrakt, diese universalistische Perspektive nun völlig abtrennen zu wollen von den Gegebenheiten konkreterer Art, von dem Umstand etwa, daß man eben Europäer ist und nicht Türke oder Chinese, und dann des Weiteren, daß man Deutscher ist und damit Angehöriger eines Volkes, das eine gewisse technische, wirtschaftliche Potenz – auch z. B. zum Helfen – hat und deswegen eine spezifische Verantwortung trägt. Ich bin der Meinung, daß den Deutschen gewisse Dinge heutzutage sehr gut anstehen, es steht ihnen z. B. gut an, sich an der weltweiten Verantwortung für Ökologisches im Maße der Ressourcen oder Kompetenzen, über die man hier verfügt, zu beteiligen. Das ist eine Verantwortungsaufgabe, die *uns* zufällt. So ist es meines Erachtens unanständig, um das zu erwähnen, wenn man sich heute bei uns auf eine Polis-Ethik zurückzieht, die bei Aristoteles maßgebend war – obschon sie auch damals schon halbwegs anachronistisch war, im beginnenden Hellenismus. Ich denke hier an gewisse skeptisch-pragmatische Abwiegelungsparolen gegen jede universalistische Ethik. Man argumentiert, als ob man sagen wollte: „Was geht uns das alles an", „die Üblichkeiten hier sind doch genug", „redet nicht so geschwollen von einer postkonventionellen Moral", „folgt den Straßenschildern" … Das ist nämlich die großartigste neo-aristotelische Metapher, die überhaupt kreiert worden ist – mit einem Akzent gegen Kant, der den Kategorischen Imperativ mit einem Kompaß für die Menschheit verglichen hat. Man braucht angeblich keinen Kompaß in der Ethik, da man ja – in einer guten Polis – den Straßenschildern folgen kann. Ich bin der Meinung, daß man die neuen Menschheitsaufgaben ernsthaft ins Auge fassen muß, denn es gibt heute – erstmals übrigens in einem nicht utopistischen, sondern sehr ernsten und ganz nüchternen Sinn – täglich Menschheitsaufgaben. Wir sind täglich gezwungen zu Konferenzen, zu Gesprächen zusammenzukommen, wo es um internationale Regelungen geht: Z. B. Süd-Nord-Konflikt, Entschuldungsfragen und natürlich die ganzen ökologischen Fragen, was die Wälder, die Atmosphäre, die Stratosphäre, das Wasser usw. anlangt. Doch gerade in Bezug auf diese Menschheitsfragen kommt man nicht darum herum, sich klar zu machen, daß man ein Deutscher ist, diesem Volk angehört und auch wieder als Deutscher für die Lösung der Menschheitsfragen mitverantwortlich ist. Ich würde sagen, daß man einen Ehrenpunkt darin suchen sollte, daß die Deutschen jetzt ihre Kompetenzen und ihre Ressourcen zur Geltung bringen – im Sinne des Mithelfens, der Mitverantwortung in dieser Weltgesellschaft. Man ist ja schließlich derjenige, der man ist, und kann ganz bestimmte Dinge leisten, die vielleicht nicht jeder leisten kann. Ja, das hat immer zwei Seiten. Es ist natürlich gefährlich, wenn die Seite des Stolzes gegen die der Verantwortung hervorgekehrt wird. Dennoch meine ich, um endlich die Antwort auf Ihre Frage zu geben: Die von Ihnen zu Recht apostrophierten Menschheitsanliegen lassen sich nicht abstrakt trennen von den nationalen Stellungnahmen, zu denen man gezwungen ist; z. B. auch hinsichtlich solcher Fragen wie der, wie das europäische Haus zu bauen ist und wie die Deutschen einen Platz finden sollen in dem europäischen Haus.

MB: Herr Apel, läßt sich heute philosophisch überhaupt noch etwas Belangvolles zum Begriff der Nation sagen? Sie haben vorhin immer auf den Begriff der kontingenten Schicksalsgemeinschaft abgehoben, und zudem haben Sie in einem Aufsatz über die Situation des Menschen als ethisches Problem geschrieben: „Jeder von uns muß als Lebewesen auch moralisch für Selbstbehauptungssysteme einstehen. So für sich selbst, für seine Familie, für seine sozialen Interessengruppen. Schließlich insbesondere als Politiker für ein staatliches Selbstbehauptungssystem." Meine Frage ist nun: Sind eigentlich Sprachgemeinschaften und Völker in diesem Sinne Selbstbehauptungssysteme?

K-OA: Nein, natürlich nicht. Wir Deutsche haben als Volk oder Nation ja verschiedene Grenzen, die wir ins Auge fassen können. Natürlich gibt es da ganz andere Zusammengehörigkeiten als die des Staates. Ich betrachte z. B. einen Österreicher immer noch als Mitglied der deutschen Kulturnation. Ich habe aber in dem Kontext, den Sie eben zitiert haben, ganz bewußt vom Staat gesprochen, denn der ist ja – bis jetzt, bis heute – sozusagen das umfassendste Selbstbehauptungssystem, das immer noch den großen Akzent als Selbstbehauptungssystem trägt, und ein Politiker muß für einen solchen Staat einstehen. Das kann man nicht als obsolet ansehen, denn bislang ist ja der Staat auch der *Rechtsstaat*. Es wäre allenfalls zu fragen: Ist der Staat – ja, da klebt Hegelsches Pathos dran – die höchste Verkörperung des Rechtes? Auch wenn man, auf Kantischen Denkbahnen, über den Staat hinausblickt? Es gibt da ja einiges im Sinne einer weltbürgerlichen Rechtsordnung, es gibt einige völkerrechtliche Bestimmungen, die rechtskräftig sind, aber noch mit schwachen, sehr schwachen Sanktionen ausgerüstet sind, so daß ihre Durchsetzung schwierig ist. Auf diesem Weg sollte man natürlich weitergehen. Ich denke, daß man sehr wohl der regulativen Idee der weltbürgerlichen Rechtsgesellschaft im Sinne Kants verpflichtet ist, daß das unser Ziel sein muß. Es braucht das aber kein Weltstaat zu sein. Ein solcher wäre wohl für die Freiheit zu gefährlich, wie Kant sagte. Es müßte eine Art Föderation sein, die es aber mehr und mehr unmöglich machen sollte, daß Konflikte durch Krieg und nicht durch Verständigung oder allenfalls Verhandlungen gelöst werden. Im Sinne des Rechtsstaats also ist der Staat nach wie vor ein hohes Gut, für das man unter Umständen sich einsetzen muß – als Politiker ganz selbstverständlich, aber auch als Bürger. Freilich, das Problem, das gestellt war, ist ja eher dies: Muß unbedingt die Zusammengehörigkeit im Sinne einer Nation oder einer Kulturnation zusammenfallen mit der Zusammengehörigkeit im Sinne eines staatlichen Selbstbehauptungssystems, also des Rechtsstaates? Kann das nicht anders geregelt werden? Ganz gewiß kann das anders geregelt werden. Wir werden ja demnächst z. B. in Europa eine überstaatliche Organisation mit weitgehenden rechtlichen Vollmachten wahrscheinlich haben.

MB: Noch eine Rückfrage. Ich will noch einmal den Advocatus Diaboli spielen. Die neuen Nationalisten, die würden etwa, wie Bernard Willms, unter Bezug auf Fichtes *Reden an die deutsche Nation*, behaupten, daß gerade das Volk das Selbstbehauptungssystem ist, das sich im Staat verfaßt und sich damit selbst wählt. Eine Frage ist jetzt nur, mit welchen Argumenten man solchen Leuten entgegentreten und sagen würde, ihr habt hier einen Kategorienfehler begangen, das Volk ist natürlich in diesem Sinne kein Selbstbehauptungssystem.

K-OA: Es ist eine charakteristische, für viele unbedingt plausible Idee des frühen 19. Jahrhunderts, daß Volk und Staat auf einen Nenner gebracht werden müßten. Im Namen dieser Idee ist ja z. B. die Donau-Monarchie zerschlagen worden, ist das zerschlagen worden, was der Fürst Metternich als eine Friedensordnung gegenüber der Idee, daß jedes Volk auch seinen Staat haben muß, vertreten hat. Ich denke, es ist nicht leicht, prinzipiell zu sagen, wie es sein *muß*. Es war und ist bei vielen Völkern so, daß sie ihren Staat begründet haben. Aber es muß nicht so sein; es wäre z. B. eine Beraubung meiner Idee der Kulturnation, wenn es bei uns so sein müßte. Ich meine, eben als Kulturnation, von der Sprache her, gehören wir auch noch zusammen mit den Österreichern und den Deutsch-Schweizern. Man müßte die ja ganz abhängen, wenn man darauf bestehen wollte, daß wir als Volk nun unbedingt mit den Menschen der DDR einen Einheitsstaat haben müßten. Diese besondere Einheit ist ja erst in der zweiten Hälfte des 19. Jahrhunderts durch Bismarck zustande gekommen. Vorher gab es viele deutsche Territorialstaaten, vor allem Preußen und Österreich als politische Machtzentren. Ehrlich gesagt (das ist jetzt ganz in Parenthese gesagt): Ich persönlich habe niemals bei dem Streit zwischen Friedrich dem Großen und Maria Theresia, im Siebenjährigen Krieg und davor in den zwei Schlesischen Kriegen, das Gefühl gehabt, daß ich unbedingt in die Identität der Preußischen Geschichte einzutreten hätte, wie uns das so lange eingeredet wurde, insbesondere durch Historiker wie Treitschke, aber auch vorher schon durch Ranke. Maria Theresia hat sehr viel mehr Wert auf deutsche Sprache und deutsche Kultur gelegt als Friedrich der Große. Und an Wien hängt auch der Ruhm unserer Musik, und darauf möchte ich als Angehöriger der deutschen Kulturnation nicht gerne verzichten, wenn ich das auch mal sagen darf. Freilich können auch Völker in die Lage kommen, sich als Sprachgemeinschaften behaupten zu müssen, und das wiederum kann den Willen zum Nationalstaat wecken – wie heute z. B. in Armenien und Georgien.

HB: Es gibt ja auch eine Sache, die wir vielleicht gelernt haben könnten aus dieser katastrophalen Geschichte des Deutschen Reiches. Seit Bismarck und eigentlich schon davor. Daß eben für die Frage, wie sich jetzt in diesem Bereich, im deutschen Sprachraum, die Staaten zusammensetzen, nicht unbedingt eine solche nationalstaatliche Lösung die beste ist, wie sie etwa in Frankreich oder in Spanien bestanden hat, sondern das gerade in diesem speziellen historischen Raum ja immer viele Staaten zusammengelebt haben in einer Sprachgemeinschaft, die ja diese ganze Kultur erst hat entstehen lassen, und sehr viel später, durch Kriege von außen ist dann unter dem Druck eines sehr chauvinistischen Nationalismus dies entstanden, und das ist natürlich auch eine dieser Besonderheiten, die man heute berücksichtigen muß.

MB: Kommen wir vielleicht jetzt zu einem weiteren Punkt. Einige amerikanische Politikberater, besonders etwa Francis Fukuyama, ein Rechtshegelianer, meinen, daß eine gleichsam alternativenlose Posthistoire eingeleitet worden sei: Der Faschismus ist auf den Schlachtfeldern besiegt worden. Der Marxismus, Sozialismus ist im wirtschaftlichen Wettbewerb besiegt worden. Die Welt wird gleichsam eintönig und linear. Vor allem aber hat das Modell einer liberalen Politik den Kalten Krieg gewonnen, und Fukuyama fragt jetzt, haben wir tatsächlich das Ende der Geschichte erreicht? „Have we reached the end of history? Are there, in other words, any fundamental 'contradictions' in human life, that cannot be resolved in the context of modern liberalism, that would be resolvable by an alternative political-economic structure?" Werden wir eine solche Einschätzung teilen, daß die Weltgeschichte, mindestens was die Frage einer effizienten ökonomischen und politischen Organisation angeht, alternativenlos geworden ist? Und daß gleichsam nur noch Restanten übrig bleiben, die geschichtlich zu bearbeiten sind?

K-OA: Also das letztere wäre mir zu stark. Das, was durch das Wort Alternativenlosigkeit ausgedrückt ist. Davon kann keine Rede sein, es wird wieder Alternativen geben. Aber ich bin schon der Meinung, daß tatsächlich der bürokratische Sozialismus ausgespielt hat. Es hat sich da etwas gezeigt, was anthropologisch von tiefster Bedeutung ist: Ein Sozialismus, der auf bürokratische Verwaltung und Planwirtschaft gestützt ist, vermag die Kräfte der Menschen nicht zu mobilisieren, und das ist nun mal eine unabdingbare ökonomische Notwendigkeit. Er vermag also, ganz brutal und populär gesagt, keinen Kuchen zustande zu bringen, der dann verteilt werden kann, der hinreichend groß ist. Er vermag die Kräfte der Menschen nicht zu mobilisieren und muß das dann ausgleichen, kompensieren, durch mehr oder weniger Gewaltausübung von oben. Das ist die Tragödie des marxistischen Sozialismus, daß er durch Gewaltausüben von oben, was schon von allein mit der bürokratischen Planung einhergeht, das ausgleichen muß, was dieses System an motivierenden, mobilisierenden Stimulanzien entbehrt. Die Menschen brauchen einen gewissen Wettbewerb, das sieht man schon am Sport. Die Leute wollen sogar, daß da einer ist, der besser Fußball spielt als die anderen, und akzeptieren, daß der dann eine Million verdient. Es ist sehr interessant, daß die armen, erwerbslosen Neapolitaner bereit sind, Maradona ein solches Gehalt neidlos zuzugestehen. Das ist anthropologisch interessant. Es ist eine falsche Einschätzung, den Menschen zu unterstellen, daß sie unbedingt in jeder Hinsicht Gleichheit wollen. Nein, sie wollen auch eine gewisse Farbigkeit, eine gewisse Chancenmöglichkeit. Die Story aus der Zeit Nixons ist ja bekannt: Als Nixon mit Mehrheit zum Präsidenten der USA gewählt wurde, hat man hinterher einen kleinen Mann gefragt, warum er denn seine Stimme dem Nixon gegeben hätte und nicht dem McGovern, obwohl der doch die Steuern erhöhen wollte zugunsten der Sozialgesetzgebung usw. Das wären doch seine Interessen gewesen. Da soll der Mann empört ausgerufen haben: „Was, dem McGovern? Der wollte uns doch noch die letzte Chance nehmen, daß einer aus unserer Familie mal ganz groß nach oben kommt." Hier geht es also um den typischen amerikanischen Traum vom Tellerwäscher, der zum Millionär aufsteigt; diesen „American Dream" wollte ihm der McGovern stehlen. Das ist natürlich überspitzt, übertrieben, aber es zeigt doch etwas, dasselbe, was die neapolitanische Story mit dem Maradona zeigt: Die Menschen wollen eine gewisse Mobilität im Sinne auch der Aufstiegschancen, des sich Auszeichnens, des Wettbewerbs und des Sieger-Seins. Ein gewisses Quantum dieser Mobilität, dieser Chancen des Wettbewerbs muß realisiert werden, sonst kann man keine Effizienz erzeugen. Schon aus diesem Grunde bin ich wirklich der Meinung, daß das Marktsystem eine evolutionäre Errungenschaft ist, die bislang im Kern nicht ersetzt werden konnte und deshalb tatsächlich gesiegt hat, sich im Weltmaßstab durchgesetzt hat gegenüber der Idee des bürokratischen Sozialismus. Hinzu kommen viele andere Gründe, vor allem die bislang nicht ersetzbare Steuerungsfunktion des Geldes der naturwüchsigen Preisbildung – bei der Vermittlung von Angebot und Nachfrage. Aber das alles bedeutet meines Erachtens nicht, daß jetzt nur noch *ein* alternativenloses Konzept im Sinne des westlichen Liberalismus übriggeblieben wäre. Es bedeutet z. B. nicht, daß von Hajek nun in jeder Hinsicht recht hätte, etwa mit seiner These, daß alles, was soziale Gerechtigkeit betrifft, schon Ideologie sei. Das folgt keineswegs. Es folgt also nicht, daß es nicht „sozialdemokratische" Wege der Politik geben kann. Es folgt nicht, daß es kein soziales Netz geben darf. Das soziale Netz kann sehr groß und engmaschig sein. Es können auf diesem Gebiet Experimente gemacht werden, wie die Schweden sie gemacht haben. Ich habe einen Bekannten, der schon seit zehn oder zwanzig Jahren prophezeit, daß Schweden ökonomisch zusammenbrechen wird; es ist aber bisher noch nicht zusammengebrochen. Es sind auch noch nicht alle Chefärzte aus Schweden ausgewandert, wie er vorausgesagt hat. Ich sehe da durchaus ein Spektrum von Möglichkeiten, und man kann auch versuchen, sich vorzustellen, was dann alles möglich sein würde. Das wird natürlich nach jeweiligen Gegebenheiten in verschiedenen Regionen der Welt verschieden sein müssen. Ich sehe vor allem, daß wir in der Süd-Nord-Dimension der Weltpolitik zweifellos noch vor großen Aufgaben im Sinne der Durchsetzung sozialer Gerechtigkeit stehen. Es ist natürlich kein Zufall, daß in Mittel- und Südamerika nach wie vor ein sehr starkes sozialistisches Engagement bei anständigen Menschen sozusagen selbstverständlich ist, und daß man da auch nach wie vor vom Marxismus viel hält, was ich zum Teil freilich nicht mehr für berechtigt ansehe.

HB: Aber das ist vielleicht genau das Problem, das der Fukuyama in seiner Neuauflage dieser Posthistoire-Thesen herunterspielen muß ...

K-OA: ... was Sie mir eben sagten, von diesem Fukuyama, erinnert mich in mancher Hinsicht an das Buch *Geschichtsphilosophie und Weltbürgerkrieg* von Hanno Kesting, der ein Schüler von Koselleck war und inzwischen gestorben ist. Er bezog sich in seinem Buch auf das Zeitalter, das in seiner geistigen Signatur durch Geschichtsphilosophie bestimmt ist, also ungefähr auf das Zeitalter von der Französischen Revolution oder von Hegel bis zu dem, was jetzt gerade allem Anschein nach zu Ende gegangen ist. Er würde gesagt haben, der Weltbürgerkrieg sei jetzt zusammen mit der spekulativen Geschichtsphilosophie zu Ende gegangen. Um mit den Franzosen zu reden, mit Glucksmann und Lyotard, sind ja die großen *meta-narrations* oder *méta-récits* der Philosophie heute tot, d. h. die großen sogenannten utopischen Geschichtsphilosophien – vor allem Hegel und Marx. Ich wäre allerdings im Gegensatz zu Lyotard nicht der Meinung, daß etwa die Fortschrittsidee von Kant ausgespielt hätte, wohl aber die Idee eines Wissens vom notwendigen Gang der Geschichte. Die ist wirklich tot, und die damit verbundene Utopie ist tot.

HB: Das ist selbst nur eine Variante von Geschichtsphilosophie, zu sagen, das Ende von Geschichte ist da ...

K-OA: ... Ich muß ja ehrlich sagen, daß ich diese These vom Ende der Geschichte nie richtig verstanden habe, so wenig wie diese Parolen vom Ende des Menschen oder vom Ende des Subjekts. Es schienen mir immer typisch paradoxe französische Übertreibungen zu sein.

HB: Die Idee vom Ende der Ideologie ...

K-OA: ... ja, das hört sich schon besser an. Obwohl auch das ziemlich phantastisch ist.

HB: ... meint eigentlich das Ende der Ideen im Hegelschen Sinne, weil die Idee verwirklicht ist im westlichen Liberalismus. Deswegen gibt es keine alternativen Ideen mehr zu dieser westlichen Mischung, amerikanischen, europäischen Mischung aus ...

MB: ... Marktwirtschaft, parlamentarischer Demokratie und Öffentlichkeit.

K-OA: Das halte ich für eine modische Übertreibung. Wir könnten ja in ganz anderen Dimensionen wieder zu neuen Alternativen kommen. Da wird manches vereinfacht, wenn man glaubt, daß ein ganz bestimmter Wirtschaftsliberalismus endgültig sich durchgesetzt hätte. Es besteht ja auch bereits zwischen – sagen wir mal – dem Hajekianischen Wirtschaftsliberalismus und der Idee und Konzeption der sozialen Marktwirtschaft bereits ein Unterschied, und dieser Unterschied kann auch weiterentwickelt werden. Und es gibt manche Möglichkeiten genossenschaftlicher Organisation, die nach wie vor nicht tot sind. Aber ich bin da kein Fachmann, und andere könnten gewiß besser darüber reden.

MB: Vielleicht könnten wir ja in der letzten Runde nochmal zum Anfang zurückkehren. Nämlich zu diesem Problem der Verantwortung für die kontingenten, kollektiven Gemeinschaften, in die man geboren ist. Da haben Sie sehr deutlich gemacht, daß sich für Sie, der Sie auch noch als erwachsener Mann an dieser Schicksalsgemeinschaft teilhatten, daß sich daraus für Sie besondere Verpflichtungen ableiten. Nun gibt es natürlich auch eine große Diskussion über die historische Verantwortung der künftigen deutschen Generationen. Gelten da ähnliche Argumente? Kann man also sagen, daß künftige deutsche Generationen, sei es auch im versicherungsrechtlichen Sinne, noch eine Haftung haben für dasjenige, was das Deutsche Reich in Europa und auf der Welt angerichtet hat?

K-OA: Nun, man kann hier nicht etwas vorwegnehmen wollen für die Zukunft. Aber von uns aus gesehen kann man wohl sagen: Wir sind schon verpflichtet, die Erfahrungen und Lernergebnisse, die wir glauben gemacht zu haben oder gewonnen zu haben, auch unseren Nachkommen weiterzugeben, sie also zu tradieren; und in dem Sinne werden wir auch diese Verantwortung, die wir Deutsche haben, an unsere Nachkommen weitergeben. Wie das sich dann ändern wird in Bezug auf die jeweiligen Lagen und Verhältnisse, das können wir natürlich gar nicht voraussehen. Es könnte ja eine Katastrophe eintreten, die zur Katastrophe für die Menschheit, für Europa oder für die Deutschen wird. Wenn die aber nicht eintritt, wird man unterstellen müssen, daß sich die Entwicklung – ceteris paribus – kontinuierlich fortsetzt, und daß dann diese Haftung und diese Verantwortung nicht abbricht.

MB: Was sagt man denn den jungen Leuten, wenn die sagen: „Na Gott, ich bin jetzt gerade vor 18 Jahren geboren worden, warum in drei Teufels Namen soll ich die Bringschulden übernehmen, die ihr angerichtet habt?“

K-OA: Nun, ich würde dasselbe sagen, was ich für mich persönlich schon vorher geltend gemacht habe. Ich muß den jungen Leuten natürlich zunächst klarmachen, daß einer nicht 18 Jahre alt werden kann in einem bestimmten Volk, und d. h. bestimmte Schulen besuchen, bestimmte Bildungstraditionen übernehmen kann, ohne damit nicht auch gewisse Verpflichtungen dieser Gemeinschaft gegenüber zu übernehmen, und zwar mit der Zeit immer mehr und mehr. Je länger er an dem allem teilnimmt, der Güter teilhaftig wird, die ein bestimmter Sozialisierungsprozeß in einer bestimmten Nation für ihn bereitstellt, in dem Maße wächst er auch in die ganz bestimmten Verantwortlichkeiten und Haftungen dieser Gemeinschaft hinein. Das muß einer schon akzeptieren. Und er hat es auch implizit akzeptiert, wenn er im Lande bleibt. Es gibt natürlich überhaupt den Typ, der, wenn's brenzlig wird, lieber abhaut. In dem Sinne ist ja noch nicht mal gesagt, daß alles Auswandern aus der DDR immer sehr ehrenhaft war. Es ist von Fall zu Fall sehr verschieden, und man kann sich verschiedenste Gedanken darüber machen. Ich hielte es jedenfalls nicht für richtig, daß jemand z. B. irgendwo eine Eliteerziehung bekommt oder überhaupt irgendeiner Bildung teilhaftig wird, Bildung und Ausbildung, und dann glaubt, hinterher, er schulde dieser Gemeinschaft nichts. In dem Sinne würde ich die Antwort etwa anlegen. Ich würde allerdings gerne noch in einem ganz anderen Sinne von einer Fortsetzung in Bezug auf die Weitergabe an die nächste Generation reden, da Sie diese Frage gestellt haben. Wenn ich die Frage aufgeworfen habe: „Könnten wir etwas Besonderes gelernt haben?“ –, dann war damit auch eine gewisse Vermutung verknüpft, die nicht nur in dem Sinne zu verstehen ist, daß ich von einer besonderen Haftung oder Verantwortlichkeit der Deutschen rede, sondern es war damit auch ein etwas vermessener

Gedanke verbunden – vielleicht hat mancher ihn durchgeschmeckt. Ich bin auch insgeheim der Meinung, wir könnten etwas gelernt haben, das noch lange nicht jeder gelernt hat. Darüber könnte man viel sagen. Wenn ich noch einmal auf das zurückkommen darf, was wir erlebt haben mit der totalen Niederlage von 1945. Diese Niederlage war wirklich total, ganz anders als 1918, als die Leute eigentlich nicht viel gelernt hatten, sondern nach Hause gingen, „im Felde unbesiegt". Aber 1945 war es ganz anders: Wir haben damals eine Niederlage unseres nationalen Lebenskonzeptes erlebt, die – ich muß mir das immer wieder sagen – weltgeschichtlich einmalig war. Für den, der das zu Ende denken konnte, ist meines Erachtens auch eine Möglichkeit gegeben, den Schritt ins Postkonventionelle in einer Radikalität zu tun, auch als Philosoph zu tun, wie es vielleicht nicht sonstwo auf der Welt jemand tun kann. Es ist gefährlich, solchen Gedanken nachzuhängen, ich weiß. Es schleicht sich da natürlich auch jener tiefe Stolz ein, der sagen möchte: wir sind doch etwas Besonderes, wir sind philosophisch tiefer als alle anderen. Das war bei Fichte so, und das ist heute wieder so.

MB: „Jeder Untergang ist ein Aufgang"?

K-OA: Ja. Ja. Dieser Gedanke ist auch damit verbunden. Ich würde das aber mindestens soweit ernstnehmen wollen, daß ich, was ich glaube, philosophisch gelernt zu haben, auch gerne weitergeben möchte, als Lehrer an die Studenten und als Vater an die Kinder und an die nächste Generation. Je tiefer diese Niederlage sich ausgewirkt hat, umso größer ist doch auch irgendwo die Chance, etwas philosophisch Wesentliches gelernt zu haben.

HB: Sicher, es ist auch eine gewisse Chance. Ich habe das aus Ihren Aufsätzen und dem, was Sie gesagt haben, herausgespürt und sympathisiere damit auch. Nur, kann man das nicht doch etwas schwächer formulieren, indem man, und das ist immerhin auch schon viel, sagt, daß es in diesem Land ja tatsächlich eine bestimmte Form von Entwicklungsprozessen nicht gegeben hat, bestimmte Formen von Revolution, von Demokratisierung usw. nie kulturell verankert waren, und daß erst diese totale Niederlage es tatsächlich möglich gemacht hat, daß demokratische Institutionen entstanden sind?

K-OA: Ich wollte das ja gerne etwas esoterischer ausdrücken, im Sinne des weltgeschichtlichen Geschehens des Übergangs zur postkonventionellen Moral. Das ist ja der Untertitel meines letzten Buches. Das ist für mich noch ein bißchen was anderes, als einfach der Weg zur Demokratie. Demokratie ist ja auch nur ein kontingentes geschichtliches Ergebnis, wozu wir bisher keine Alternative kennen – nämlich zur parlamentarischen Demokratie, zur

Parteiendemokratie. Aber das besagt ja nun nicht, daß das schon identifiziert werden muß mit dem höchsten Ziel der Ethik, sondern es ist eine politische Realisierungsform, die wir bisher für die beste ansehen.

HB: Ich darf noch einmal auf den einen Punkt zurückkommen. Ganz am Anfang waren wir bei der Frage der kontingenten Identität. Ich glaube ja, daß es etwas unglücklich ist, von kontingenter Identität zu reden, und daß das nicht zufällig bestimmte funktionalistische Implikationen hat, die sich bei Lübbe dann auch durchsetzen. Wenn die Identität wirklich kontingent wäre, dann könnte man ja gewissermaßen genau das machen, was man nicht machen kann: Man könnte gewissermaßen ein Atom aus dem Verband der Moleküle trennen, es in einen anderen verpflanzen, und daß es in dem früheren Verband war, spielt in der neuen Position des Atoms überhaupt keine Rolle mehr. Aber genau das kann man mit der Identität nicht machen, deswegen ist sie in diesem Sinne nicht kontingent. Man kann eben nicht 18 Jahre leben, ohne gewisse Verpflichtungen oder wenigstens schwache Verantwortlichkeit zu übernehmen, gegenüber Sachen, die man selber nicht angerichtet hat.

K-OA: Ich sehe nicht, warum man das nicht *kontingent* nennen kann oder sogar muß. Ich persönlich bin ja nun freilich, das muß ich vorausschicken, einer der weißen Raben, die glauben, daß es überhaupt *nicht-kontingente* Voraussetzungen gibt. Nämlich z. B. nicht-kontingente Präsuppositionen des Denkens oder des Argumentierens. Es gibt ja viele Leute, wohl die meisten heutzutage, die würden überhaupt nur kontingente Voraussetzungen anerkennen. Ich bin aber der Meinung, daß wir Vernunftwesen sind und daß die Prädispositionen, die dazu im engen Sinne gehören, nicht kontingent sind. Als Transzendentalpragmatiker meine ich, daß es kontingente und nicht-kontingente Voraussetzungen gibt, und daß ich ein Deutscher bin, das würde ich nicht zu den in dem Sinne transzendentalen Voraussetzungen rechnen.

HB: Aber doch etwas mehr als kontingent, man kann seine Identität verändern, das ist richtig, man kann sie auch total verändern im Extremfall, aber wenn man als Amerikaner mit 18 Jahren, nehmen wir mal an, nach China auswandert, dann wird man doch mit höchster Wahrscheinlichkeit immer in gewisser Hinsicht ein Amerikaner bleiben. Ich würde einmal sagen, soweit wir unsere kontingente Identität nicht wählen können, ist sie vollkommen zufällig. Aber insoweit wir *auch* eine Haftung für diese Identität übernehmen *müssen* und uns, wie Sie sagen, für sie engagieren müssen, kommt bereits ein *nicht-kontingentes* Moment zur Geltung, und zwar in genau dem (mehr oder minder starken) Maße, in dem wir für unsere geschichtliche Identität *auch* selbst verantwortlich werden.

K-OA: Ja, das meine ich gerade. Ich meine mit kontingenter Identität, was ich mal bei Heidegger gelernt habe, daß die Faktizität des menschlichen Daseins selber ein existentiales Apriori ist. Für den Einzelnen, der sein faktisches Dasein als dieser Mensch übernehmen muß, ist es dann ein existentielles Problem, ob bzw. in welchem Maße er sich der Forderung der Selbstübernahme stellt, d. h. „eigentlich" existiert. Natürlich verschärft sich dieses Problem in dem Maße, in dem ein Mensch sein bloß faktisches Dasein schon als sein existentielles Apriori übernommen hat. Das Moment der bloßen Zufälligkeit seines Daseins als dieser Mensch wird sozusagen immer geringer, und der existentielle Widerspruch der „Uneigentlichkeit", der in der Verleugnung seiner kontingenten Identität liegt, wird immer größer. Aber es bleibt doch – auf der Ebene des Denkens – immer eine Vermittlung zwischen Vernunftidentität und kontingenter Identität. Denn man behält ja als Vernunftwesen auch die Fähigkeit zur exzentrischen Selbstdistanzierung. In der hier zu leistenden Vermittlung dürfte heute ein schweres existentielles Problem für viele Vertreter der bisherigen Führungsschicht der DDR liegen.

3 — ג

JUDEN* UND...

BUTTER BEI DIE FISCHE

Oder: Mein erster Kirchentag

FREDEREK MUSALL

Ich muss hier weg! Und vermutlich ist der Berliner Hauptbahnhof auch der geeignete Ort dafür. Allerdings ist es weniger der Ort, der diesen Fluchtreflex in mir auslöst, sondern es sind vielmehr die schalbewehrten Horden, die wahlweise im Post-DFB-Pokalfinale-Taumel oder Post-Kirchentagsdelirium herumlaufen. Oder beidem? Ich versuche mir meinen Weg durch das Vereinsfarbenmeer aus Schwarz-Gelb (BVB), Weiß-Schwarz (Eintracht Frankfurt) und Orange-Weiß (Kirchentag) zu bahnen. Vor meinem geistigen Auge verschliert die Szenerie in einem Vertigostrudel von verblasster BRD-Fahne und ausgebluteter Reichsflagge. Ein drastisches Bild, deutsches Fußball-Event und deutschen Event-Protestantismus so durcheinander zu wirbeln. Aber in einem Gefühl zwischen nervösem Unbehagen und latenter Aggression beginnen in mir, Assoziationen zu resonieren, ein Echo aus den Tempo-Jahren, in denen ich meine innere Gemütslage in Maxim Billers *100 Zeilen Hass* in Worte gefasst vorfand, eingerahmt zwischen Zeitgeist, Lifestyle und Popkultur. Sheesh, ich werde langsam alt ...

Schlachtgesänge zwischen Siegestaumel, Niederlagentrotz und Halleluja reißen mich aus meinen Gedankenbildern zurück in die Wirklichkeit, und ich vergewissere mich schnell, ob ich wirklich eine Platzreservierung für den ICE zurück nach Mannheim habe: Wagen 1, Platz 106. Der hält zwar jwd, wie die Berliner sagen, von hier aus gefühlt am Alexanderplatz, aber trotzdem nochmal Glück gehabt!

Vielleicht spricht hier auch nur die Müdigkeit aus mir. Kein Wunder, schließlich habe ich gerade vier Tage Kirchentagsmarathon hinter mir. Das stellt für einen eher demophoben Menschen wie mich eine ultimative Herausforderung dar. Ich frage mich, wie ich da hineingeraten bin, warum ich mir das eigentlich antue? Was treibt mich, was motiviert mich, dass ich mich gegen diese See von Plagen stürze? Mich ständig in Apologie zu flüchten und zu jammern, dass Micha Brumlik und Doron Kiesel, die beiden Veteranen des jüdisch-christlichen Gesprächs hierzulande, mir das ganze Schlamassel eingebrockt und mich beim Deutschen Evangelischen Kirchentag für die AG Juden und Christen schanghait haben, überzeugt selbst mich nur bedingt. Denn schließlich bin ich ja dabeigeblieben. Das liegt eben nicht nur an den beiden, sondern auch an den anderen Menschen, die ich in diesem Rahmen kennen und schätzen gelernt habe, deren Motivationen mich beeindrucken, deren Frustrationen über Ignoranz, Desinteresse und Beratungsresistenz ihrer christlichen Glaubensgeschwister mich betrüben. Christian Staffa, christliches Vorstandsmitglied der AG, spricht von einer „Erotik der Grenze“ im jüdisch-christlichen Gespräch, d. h. von der sinnlichen Dimension und Strahlkraft des durch den religiös Anderen Herausgefordertseins. Aber ich bin zu sehr Kopfmensch. Es ist vor allem der gemeinsame kritische Reflexionsprozess, der mich anspricht und der mir in den vergangenen Jahren zunehmend wichtig geworden ist: Der Versuch, ein jüdisch-christliches Gespräch jenseits bestehender Asymmetrien, nämlich auf Augenhöhe, zu denken, zu gestalten, zu entfalten. Ein Gespräch, das nicht von Gewissheiten bestimmt ist, sondern erlaubt, eigene Ungewissheiten anzuerkennen und auszuhalten; welches uns erlaubt, ja, uns manchmal dazu drängt, aus den Komfortzonen unserer eigenen Selbstgewissheiten herauszutreten, uns in Distanz zu diesen unapologetisch begegnen zu können, uns durch diese Begegnungserfahrung zu verändern. Aber eben auch ein Gespräch, von dem wir uns immer wieder bewusstmachen müssen, dass es in der Geborgenheit geschützter Gesprächsräume stattfindet.

Leider existiert nun einmal auch eine Welt und Wirklichkeit außerhalb von Komfortzonen, geschützten Räumen und Blasen. Und wenngleich der Kirchentag auch eine einzige riesige Blase ist, so befinde ich mich in diesen Tagen definitiv außerhalb meiner eigenen Komfortzone. Ich halte verzweifelt Ausschau nach einem geschützten Raum, in welchen ich aufgrund des öffentlichen Charakters der Veranstaltungen nicht ausweichen kann. Denn manches Mal lässt mich das Erkenntnisinteresse meiner Mitmenschen irritiert zurück. So treffe ich beispielsweise in diesen Tagen auch auf Christ*innen, die mir stolz und überzeugt davon berichten, dass sie in diesem Jahr das „Passah-Fest“ gefeiert haben. Und zwar so richtig, mit allem Drum und Dran. Ich frage mich, ob sie nicht bemerken, dass in diesem Moment meine Fassade bröckelt, während in mir die Galle hochsteigt und der Zorn; dass ich ihnen am liebsten entgegenschleudern möchte, was ich wirklich von ihrem übergriffigen Ritual-Reenactment halte; und dass beispielsweise Männer verdammt noch mal beschnitten sein müssen, um PessaCH (ja, mit einem verdammten CH hinten wie in CHanukkah) rituell korrekt feiern zu können – und zwar nicht nur im

Herzen, sondern „nip of the tip", wie der Mohel in Mel Brooks *Robin Hood: Men in Tights* zu sagen pflegt! Aber sicherlich ist das Allerletzte, was wir jetzt wollen oder gebrauchen können, eine weitere Beschneidungsdebatte ...

Vielleicht fehlt mir neben Geduld in diesem Zusammenhang die entsprechende Sensibilität für die religiösen Bedürfnisse meines Gegenübers; oder mich irritiert einfach dessen Selbstgefälligkeit im Angesicht meiner mir eingestandenen Ungewissheiten. Aber wenn ich ehrlich bin, ist dies das wortwörtlich Letzte, was ich mir als Output und Konsequenz des jüdisch-christlichen Gespräches erhoffe: Christ*innen, die sich ihrer jüdischen Wurzeln besinnen, indem sie den Sederabend feiern. Oder gar christlichen Zionismus. In diesem Moment fühle ich mich Joseph D. Soloveitchiks verhalten-skeptischer Position bezüglich des jüdisch-christlichen Gespräches in „Confrontation" näher als Abraham J. Heschels offen-optimistischer Haltung in „No Religion is an Island". Vielleicht aber auch, weil für mich nicht die Frage nach gemeinsamen Ursprüngen oder Texttraditionen im Vordergrund steht, nicht das Entdecken theologischer Gemeinsamkeiten. Sondern weil mich die konkreten gesellschaftspolitischen Handlungsfelder interessieren, vor denen wir trotz Differenz und Differenziertheit stehen; und die uns in unserem Selbstverständnis als religiöse Akteur*innen in eine gemeinsame Verantwortung nehmen – nicht nur für uns selbst, sondern eben auch für andere.

Schließlich ist das jüdisch-christliche Gespräch – aller Komfortzonen, geschützter Räumen und Blasen zum Trotz – immer auch eingebettet in einen gesamtgesellschaftlichen Kontext und damit Teil eines größeren Diskurszusammenhanges. Und vielleicht sollten wir gerade deshalb bei allem theologischen und Vergangenheitsbewältigungs-Gesprächsbedarf nicht die grundlegende Frage aus den Augen verlieren, nämlich: Wie wir im Bewusstsein bestehender Differenzen gesellschaftliches Miteinander gestalten und leben wollen; und wie wir uns diesbezüglich einbringen möchten. Andernfalls, befürchte ich, kann das behaglich eingerichtete Leben in den Komfortzonen, geschützten Räumen und Blasen rasch ein Nischendasein fristen.

Plötzlich muss ich irgendwie an Frau P. denken, die Mutter meines Schulfreundes Oliver – und für mich die eigentliche Heldin jüdisch-christlicher Gesprächskultur hierzulande. Denn während wir unter dem Dach (und nicht, wie es das Stereotyp will, im Keller) des Hauses P. *Dungeons & Dragons* spielten, bevor es durch Twitch & YouTube, Vin Diesel & Deborah Ann Woll, *Community & Big Bang Theory* cool wurde, belegte Frau P. liebevoll Käse-, Schinken- und Salami-Brote, damit die Freizeitheld*innen nicht hungrig ins imaginäre Abenteuer ziehen mussten. Auch ich nicht. Denn auf einem Extrateller bekam ich stets vier Forellenbrote serviert, wobei Frau P. sorgsam darauf achtete, dass dieser Teller nicht mit der Treife-Mix-Platte in Berührung kam. Diese Geste berührt mich noch heute. Nicht nur, weil ich mich immer im Hause P. willkommen fühlte und die Forellenbrote verdammt lecker waren; sondern weil

Frau P.s Handeln etwas Wesentliches an Anerkennung zum Ausdruck brachte, was sich so grundlegend unterschied von den philosemitischen Freundinnen meiner Mutter (sel. A.), die trotz ihres bemühten Interesses an Judentum und Israel doch jedes Jahr aufs Neue vergaßen ihr an Rosh ha-Shanah ein „Gutes Neues Jahr!“ zu wünschen. Die einfache, aber entscheidende Frage für Frau P. war, ob sie denn auch Butter auf das Brot schmieren könne.

Vielleicht kommt hier meine eigene verklärend-romantisierende Vorstellung von jüdisch-christlicher Begegnungs- und Gesprächskultur zum Ausdruck: Weniger bestimmt von der großen Frage nach dem *Warum* wir als Jüd*innen und Christ*innen zusammenleben können/wollen/sollen/müssen, als vielmehr nach dem *Wie*. Ein *Wie*, dass manchmal mehr mit geschmierten Forellenbroten in der hessischen Provinz zu tun hat als mit sorgfältig durchdachter Dialoginszenierung. Ich will den mit theologischen Expert*innen bestückten Podien, wie ich sie in den vergangenen Tagen auf dem Kirchentag erlebt habe, keine grundsätzliche Absage erteilen, ich bin mir ihrer kommunikativen Funktion und gesellschaftspolitischen Bedeutung durchaus bewusst. Ich verstehe, warum jüdische Glaubensgeschwister aus Israel und den USA eingeflogen werden müssen, da wir hierzulande bislang vergleichsweise wenige Akteur*innen und Ressourcen haben, auf die wir zurückgreifen können. Und trotzdem stimmt es mich auch irgendwie nachdenklich: Die beim Publikum entstehenden Eindrücke gehen oftmals weit an jüdischen Realitäten in Deutschland vorbei. Ja, vielleicht sind wir in diesen Zusammenhängen hierzulande arm und auch nicht sonderlich sexy; aber wir haben andere Dinge anzubieten, die zwar nicht unbedingt den an uns herangetragenen Erwartungshorizonten entsprechen müssen, aber neue Perspektiven und Horizonte eröffnen können. Wir sind weitaus mehr als nur Staffage …

Das jüdisch-christliche Gespräch in Deutschland nach 1945 kann auf eine wechselhafte und reibungsvolle Geschichte zurückblicken. Es hat sich von einer kritischen ‚subkulturellen‘ Stimme zu etwas entwickelt und etabliert, das für den Mainstream interessant geworden ist. In gewisser Weise kann man feststellen, dass es im sogenannten Mainstream der Minderheiten angekommen ist, nicht zuletzt, weil sich das ganze symbolische Kapital auch politisch gut vermarkten lässt. Aber es bedarf mehr als festgesetzter Zeiten, inszenierter Ereignisse und medientauglicher Hochglanzbilder – es braucht, will es sich nicht auf diese Bequemlichkeiten reduzieren lassen, definitiv mehr „Butter bei die Fische!“ Mehr Mut, nicht nur die eigenen Ungewissheiten auszuhalten, sondern auch die oftmals vorausgesetzten Gewissheiten und eingefahrenen Muster aufzubrechen und kritisch zu reflektieren. Und mehr Mut zum Experimentieren mit neuen Formaten, die auch Raum geben, unbequeme Gedanken zu artikulieren: Zumindest das haben wir in diesem Jahr mit zwei Veranstaltungen im Rahmen des Zentrums Juden und Christen, dem Forum der AG Juden und Christen (was im Übrigen dringend mal gegendert werden müsste), versucht, indem wir beispielsweise Stipendiat*innen des Ernst Ludwig Ehrlich Studienwerks Christ*innen nach ihrem Glauben haben befragen lassen (anstatt wie üblich und zu erwarten umgekehrt); oder indem wir in einer anderen Veranstaltung die Vielschichtigkeit, Verwobenheit und Prozesshaftigkeit von Identitätsdiskursen in der modernen Lebenswelt thematisiert haben, um aufzuzeigen, dass durch die Komplexität gegenwärtiger Identitätskonfiguration auch neue Anfragen, Interessen, Bedürfnisse und Sensibilitäten im Rahmen des jüdisch-christlichen Gespräches artikuliert werden. Der hier angestrebte Perspektivenwechsel ist nicht nur seitens, sondern gerade auch im Hinblick auf die Gesprächspartner*innen wichtig. Denn diese (ver-)ändern sich durch den gemeinsamen Erfahrungsprozess und mit ihnen auch der Dialog und dessen Sprache. Eröffnen wir neue Räume für Veränderung, liegt darin die entscheidende Chance, das Gespräch zu dynamisieren, zu aktualisieren und schließlich für neue Gesprächspartner*innen attraktiv und herausfordernd zu machen – vielleicht auch für die bislang unüblichen Verdächtigen. Also beispielsweise für jene Menschen, die ihr Jüdischsein als hybrid verstehen und es nicht nur schubladenartig auf ihre religiös-konfessionelle Zugehörigkeit reduziert wissen wollen. Meines Erachtens ist all dies dringend erforderlich, will man/frau nicht nur interreligiös, sondern letztlich auch intergenerationell sprachfähig bleiben.

Leonard Cohen hat geschrieben: „There is a crack in everything / That is how the light gets in.“ Oder zumindest habe ich das vorhin so auf einer Postkarte am Bahnhofskiosk gelesen. Vielleicht muss man aber manchmal mit dem Vorschlaghammer der selbstkritischen Reflexion nachhelfen. Damit Licht in die Komfortzonen, geschützten Räume und Blasen eindringen, aber eben auch umgekehrt in die angrenzenden oder umfassenden Räume hinaustreten kann. Und vielleicht braucht man manchmal einen solchen Vorschlaghammer, um überhaupt neue Räume zu schaffen, in denen wir uns konstruktiv über das streiten können, was uns gemeinsam oder gegenseitig herausfordert.

Ich sitze mittlerweile im dem völlig überfüllten Zug, in einem Sechserabteil mit wenig Beinfreiheit. Da wir Berlin Hauptbahnhof Tief losfahren, dringt auch kaum Licht hinein. Egal, Hauptsache ein Sitzplatz für die nächsten fünf Stunden! Der Typ in dem Reus-Trikot ist bereits eingeschlafen. Das ganze Nachdenken hat mich nun ziemlich hungrig gemacht – was würde ich jetzt für ein Forellenbrot geben ...

JUDEN UND ALKOHOL

Oder: Das Wunder von Casablanca

CASPAR BATTEGAY

> *Major Strasser: What nationality are you Mr. Rick?*
> *Rick Blaine: I am a drunkard.*
> Casablanca, *1942*

Als ich 2006 Doktorand an der Hochschule für Jüdische Studien in Heidelberg war, wurde von der Studierenden-Fachschaft eine Partyreihe mit dem Titel „Gin & Jews" ins Leben gerufen. Damit wollte man den Sprüchen Salomos genügen, wo es heißt, dass es den Königen und Fürsten nicht gezieme, Alkohol zu trinken. Sie könnten ihre Aufgabe vergessen, gut zu regieren und Recht zu sprechen. Vielmehr sollte man das „starke Getränk" nur „den betrübten Seelen" darreichen, „dass sie trinken und ihres Elends vergessen und ihres Unglücks nicht mehr gedenken." (Spr 31,5–7) Wer sollte auf diese Devise besser passen als deutsche Doktorandinnen und Doktoranden? Das tägliche Verfassen von Fußnoten betrübt die Seele, die Betreuungslage durch die Könige und Fürsten ist mehr als unglücklich und die Zukunftsaussichten sind elend – gerade wenn man sich die Jüdischen Studien als professionelles Tätigkeitsgebiet ausgesucht hat. Ich nahm damals also freudig die Gelegenheit wahr, im Ginglas nach Trost zu suchen.

Diese jahrtausendealte Strategie der Menschheit gegen Frust und Sorgen scheint allerdings das auserwählte Volk noch nie begriffen zu haben. Dass Juden und Alkohol eine Mésalliance bilden, ist ein Stereotyp, das zunächst vom jiddischen Volkslied selbst bestätigt wird: *Shiker is der Goy* – will sagen, der Betrunkene kann kein Jude sein, vielmehr ist es im besten Fall ein analphabetischer Idiot, im schlimmsten Fall ein gewalttätiger Kosack oder SS-Mann. Der Alkohol scheint im kulturellen Gedächtnis des Judentums mit Dummheit und Antisemitismus verbunden. Juden dagegen trinken nicht: *Nikhter is der Yid*. Wie jedes historische Stereotyp transportiert auch dieses ein kulturelles

Wissen, dem es sich lohnt nachzugehen. Denn dabei stößt man auf eine offensichtlich bestätigende Geschichte, aber auch auf tiefer liegende, widersprüchliche Figuren, die zu einer jüdischen Gegengeschichte von berauschten und abenteuerlichen Juden gehören. Im Bild des Alkohols findet sich ein Bild des Judentums, das sich zum jüdischen Mainstream etwa so verhält wie ein berauschter Abend zu einer nüchternen Arbeitswoche. Diese These soll hier nach einigen Seitenblicken auf die jüdische Tradition und die Genetik anhand literarischer Beispiele ausgeführt werden.

Es ist bezeichnend, dass die einzige explizite Legitimierung des Rauschtrinkens im Judentum durch die Umkehrung eines Pogroms – einer jüdischen Rachephantasie – geschieht. Wenn an Purim die Vernichtung des bösen Haman und die Rettung der Juden gefeiert wird, sollte man sich gemäß Talmudtraktat Megilla (einem Kommentar zur biblischen Esther-Geschichte) dermaßen einen hinter die Binde kippen, dass man am Ende nicht mehr zwischen „gesegnet sei Mordechai“ und „verflucht sei Haman“ zu unterscheiden weiß. (Megilla 7b) Doch das Besäufnis ist nur eine Ausnahme, welche die Regel bestätigt, dass die Juden die nüchternen Opfer von alkoholisiertem Pöbel bilden. An Purim wird diese Rollenverteilung probeweise umgekehrt, es wird die verkehrte Welt inszeniert, man zieht ein Kostüm an, schminkt und betrinkt sich, um am Morgen danach wieder nüchtern der richtigen Welt ins Auge zu blicken, in der die Rollen schmerzlich klar verteilt sind.

Das Traktat Megilla erzählt auch drastisch von den potentiellen Gefahren eines Vollrauschs. Die beiden Gelehrten Rabba und Rabbi Zeira feiern ein Purimfest und dabei wird Rabba so besoffen, dass er seinen Kollegen schlachtet und verspeist – er wird also wortwörtlich zum Judenfresser. Am nächsten Tag erwacht beim ausgenüchterten Rabba jedoch das ‚typisch‘ jüdische Schuldgefühl. Er betet zu Gott, ihm zu verzeihen – was Gott dann auch macht und Rabbi Zeira wieder zum Leben erweckt. Dieser kommt mit einem Schrecken davon, bleibt allerdings vorsichtig: Als Rabba beim nächsten Purim wieder zum Besäufnis einlädt, lehnt Rabbi Zeira mit der Begründung ab, dass sich Wunder nicht wiederholten.

Für den Zionismus musste das Wunder die Auferstehung eines ganzen Volkes sein, und dieses Volk stellte man sich muskulös, männlich und verbunden mit dem Land vor. Doch *Eretz Israel* ist auch im zionistischen Programm ein Land von Milch und Honig und eben nicht eines von Gin und Tonic. Es ist aufschlussreich, dass die hebräische Sprache, die zu Beginn des 20. Jahrhunderts wieder zu einem Alltagsidiom wurde, zwar den Ausdruck *Le-Chaim!* (*Auf's Leben = Prost!*), aber keine Bezeichnung für den Kater (den *hangover*) kennt. (Zum Vergleich: Auf Dänisch existieren acht verschiedene Ausdrücke, darunter so prägnante wie *Ratten im Dachstock*, *Haar-Schmerzen* oder *Affen*.) Erst im Zuge der Immigration aus der ehemaligen Sowjetunion schien ein solches Wort auch im Heiligen Land vonnöten geworden zu sein.

Die Akademie der Hebräischen Sprache in Tel Aviv gab 1994 den Begriff *Hamarmoret* für den Zustand nach übermäßigem Alkoholkonsum bekannt (der Ausdruck ist vom Wort für Vergärung abgeleitet).

Statistisch gesehen bekommen Juden schneller als andere Menschen einen Kater. Der Epidemiologe Yehuda Neumark von der School of Public Health and Community Medicine am Hadassah Medical Center an der Hebräischen Universität Jerusalem untersuchte verschiedene Gruppen jüdischer Männer aus Jerusalem. Dabei fand sein Team heraus, dass etwa ein Drittel der Probanden eine spezifische genetische Mutation besitzen, wie sie auch bei Asiaten häufig vorkommt.[1] Diese schränkt den Prozess der Alkoholregulierung des Körpers durch ein bestimmtes Enzym ein. Mit anderen Worten läge es also in den Genen (aschkenasischer *und* sefardischer) Juden, dass sie Alkohol nicht gut vertragen und sehr schnell betrunken würden. Jedoch: Existierte zuerst das Gen, das dann eine Tradition der Alkoholvermeidung- und Verachtung hervorbrachte – oder gab es zuerst die jüdische Kultur des Nichttrinkens, die dann zur Häufung dieses genetischen Phänomens führte? Zu dieser Huhn-oder-Ei-Frage schweigen Neumarks Studien. Damit liefern sie zwar an sich interessante Daten, doch bestätigen sie letztlich bloß das positive Stereotyp der kollektiven Unvereinbarkeit von Judentum und Alkohol.

Es sind nicht genetische Analysen, sondern literarische Texte, die für mehr Komplexität sorgen. In Shalom Auslanders autobiographischem Buch *Foreskin's Lament* von 2007 wird die Jugend des Ich-Erzählers in einer orthodoxen Community erzählt, wobei der ebenso ironische wie kenntnisreiche Text vor allem das mühevolle Verlassen der organisierten Religion schildert.[2] Zentral in Auslanders Bericht ist die Auseinandersetzung mit dem Vater, der ohne beruflichen Erfolg eine prekäre Position innehat. Dazu kommt noch, dass er sich nicht an die Regeln hält, die er bei seinen Kindern mit Gewalt durchsetzen will – und er ist Alkoholiker. Dieses Detail ist wichtig: Das einzige Talent des Vaters ist das Möbel-Schreinern, was jedoch innerhalb einer Ideologie des Lernens in der jüdischen Wissensgesellschaft nichts zählt.[3] Die Brüder der Mutter dagegen sind Rabbiner, die erfolgreich Synagogen leiten und Bücher schreiben. Der Alkoholismus des Vaters ist das Symptom eines

1 Y. D. Neumark/Y. Friedlander/R. Durst/E. Leitersdorf et al.: Alcohol Dehydrogenase Polymorphisms Influence Alcohol-Elimination Rates in a Male Jewish Population. In: *Alcoholism. Clinical and Experimental Research* 28,1 (2004), S. 10–14; Y. D. Neumark/Y. Friedlander/H. R. Thomasson/T. K. Li: Association of the ADH2*2 Allele with Reduced Ethanol Consumption in Jewish Men in Israel. A Pilot Study. In: *Journal of Studies on Alcohol* 59,2 (1998), S. 133–139.

2 Shalom Auslander: *Foreskin's Lament. A Memoir*. New York: Riverhead 2007. Die deutsche Übersetzung (Berlin 2008) trägt den verfälschenden Titel *Eine Vorhaut klagt an*. „Lament" bedeutet gerade nicht eine Anklage, sondern eine nicht an einen Adressaten gerichtete Wehklage, einen Jammer oder eine Beschwerde, also eine allgemeine Klage.

3 Ebd, S. 59: „I felt bad for my father. [...] To be good with your hands in a world that judged people by their heads."

tragischen, spezifischen jüdischen Außenseitertums, das jedoch von der Familie als *goyisch* – als unjüdisch – abgetan werden kann, um sich die Beschäftigung mit der eigenen Identität zu sparen. Dieses Beispiel demonstriert die kulturelle Bewertung des Alkohols innerhalb einer spezifischen Tradition, der auch der epidemiologisch-medizinische Diskurs immer schon verhaftet ist.

Auch für weitere Nachforschungen zum Verhältnis von Judentum und Alkohol sind literarische Beispiele dienlich. Denn die Ambivalenz des Rauschs zwischen Inspirationspotential einerseits und Realitätsflucht und Sucht andererseits hat die Literatur immer schon fasziniert. Das intime Verhältnis von Schreiben und Trinken kannte niemand besser als Joseph Roth: Seine letzte, in Paris entstandene Erzählung *Die Legende vom Heiligen Trinker* (1939) führt einen dem Autor in vielerlei Hinsicht verwandten Protagonisten vor, der unter „Heimatlosigkeit und Trunksucht"[4] gleichermaßen leidet und schließlich trotz mehrfachen Wundern (er kommt unerwartet zu Geld) im Suff umkommt. Das Elend ist unbeschönigt, aber das gemeinsame Trinken und Verschwenden des gefundenen Geldes an der Bistrotheke bleibt „eine solidarische Geste, die das Leiden des Anderen mildern konnte, ein heiliges Ritual von Verbundenheit und Menschenwürde."[5] Die jüdische Komponente besteht in diesem Text (in dem die Worte *jüdisch* oder *Jude* nie vorkommen) also vielleicht in einer Heiligung der Welt, wie sie ist. Denn es ereignen sich zwar Wunder, aber diese (fast messianische) Welt der Erlösung ist eigentlich genau die gleiche wie die unerlöste Welt, nur dass sie dem Heimatlosen im Rausch eine Perspektive auf Heimat anzeigt, die freilich nie eingelöst werden kann.

Roths heiliger Trinker ist trotz seines expliziten Katholizismus eine jüdische Gegenfigur der Moderne. Als berauschter Jude hielt Roth gegen religiöse und zionistische Muster und gegen alle politischen Realitäten des Exils trotzig fest: „Das Wandern ist kein Fluch, sondern ein Segen."[6] Die Freiheit lag für Roth im prekären und für viele Flüchtlinge tödlichen Zustand, kein Vaterland zu haben, wofür er auch stark kritisiert wurde. Doch die Figur des alkoholisierten Juden zeigt nicht nur solche politischen und metaphysischen Dimensionen auf, sondern führt immer auch die soziale Realität jüdischer Existenz vor. So erfährt etwa das lyrische Ich von Heines Nordsee-Gedicht *Im Hafen* (1827) gerade dort, wo es von einer Heimkehr spricht, im Rotwein-Rausch des Bremer Ratskellers, auch eine poetische Entrückung: „Hallelujah! Wie lieblich umwehen mich / Die Palmen von Beth El!"[7] Dieser ironische Bibelbezug ist

---

4 Franceso Burzacca: Der verklärte Rausch. Joseph Roths Trinken zwischen Poetik und Pathologie. In: Markus Bernauer / Mirko Gemmel (Hrsg.): *Realitätsflucht und Erkenntnissucht. Alkohol und Literatur*. Berlin: Ripperger & Kremer 2014, S. 161–179, hier S. 178.

5 Ebd., S. 179.

6 Joseph Roth: Der Segen des Ewigen Juden. In: Ders.: *Werke, Bd. 3: Das Journalistische Werk 1929–1939*, hrsg. v. Klaus Westermann. Köln: Kiepenheuer & Witsch 1991, S. 527–532, hier S. 532.

7 Heinrich Heine: Im Hafen. In: Ders.: *Buch der Lieder. Historisch-Kritische Gesamtausgabe der Werke*, Bd. I.1, hrsg. v. Pierre Grappin. Hamburg: Hoffmann & Campe 1975, S. 424.

typisch für Heines deutsch-jüdische Poetik der Vermischung. Aber auch die im Gedicht stattfindende Kritik an G. W. F. Hegels Geschichtsphilosophie ist von Heines frustrierenden Erfahrungen als (getaufter) Jude im Deutschland der Restaurationszeit geprägt. Während auf den Hausdächern die betrunkenen Engel singen, heißt es: „Die glühende Sonne dort oben / Ist nur eine rote, betrunkene Nase, / Die Nase des Weltgeists; / Und um die rote Weltgeistnase / Dreht sich die ganze betrunkene Welt."[8] Das Bild dekonstruiert zunächst das romantische Pathos der bis zum Morgenrot durchzechten Nacht und zeigt den ganz realen Suff. Aber es enthält auch eine philosophische Dimension: Hegels Vision des die Geschichte durchschreitenden und sie schlussendlich wundersam in sich begreifenden Geistes wird als größenwahnsinnige Alkoholphantasie kritisiert. Der jüdische Kritiker, der sich in seiner konkreten Existenz vom Gestus einer abstrakten Integration ausgeschlossen sieht, gewinnt seine Kritik aber ebenfalls im Durchgang durch einen Weinkeller. Denn der berauschte Jude repräsentiert ein *anderes* Judentum, das sich weder in einer Opferidentität noch im zionistischen Muskelspiel erschöpft, sondern abenteuerlich, individualistisch und solidarisch zugleich ist, und das sich vor allem nicht so einfach von den Nichtjuden integrieren lassen will.

Nicht zufällig ist der Protagonist von Michael Chabons gefeiertem, kontrafaktischem Kriminalroman *The Yiddish Policemen's Union* (2006)[9] ein Alkoholiker namens Meyer Landsman. Der unglückliche Polizist und Bewohner einer jüdischen Alternativwelt an der Ostküste Alaskas (eine Welt, die genauso dystopisch ist wie die reale) kennt keine Heimat außer seiner Sprache. Diese letzte Utopie wird von religiösen Fundamentalisten bedroht, die das messianische Zeitalter mit Gewalt erreichen wollen, indem sie das Territorium des Landes Israel zurückerobern. Landsman aber hat entgegen seinem Namen keinen Landsmann: Als wäre er eine späte Figur von Joseph Roth, stellt er einen wurzellosen, heiligen Trinker dar, der als Heimat nur die Heimatlosigkeit kennt. Er repräsentiert eine unauflösbare Nostalgie, als deren Symptom *und* Linderung eine Flasche Pflaumen-Brandy stets bereitsteht.

Die „betrübten Seelen" aus Salomos Psalm (Spr 31,6) sind die Menschen, die sich nicht mit simplen Parolen des Zuhause-Fühlens abspeisen lassen – und deshalb auch durstig sind. In Michael Curtiz' legendärem Film *Casablanca* (1942) – auf den Chabons *Yiddish Policemen's Union* öfters anspielt – wird der Barbesitzer Rick Blaine (Humphrey Bogart) vom Nazi-Offizier (Conrad Veidt) gefragt, welche Nationalität er habe. Darauf Rick: „I am a drunkard." Der Franzose Capitaine Renault (Claude Rains) meint: „That makes Rick a citizen of the world." Für dieses Recht auf ein Weltbürgertum kämpft zeitgleich der offensichtlich jüdische und stets nüchterne Widerstandskämpfer Victor László.

8 Ebd.
9 Michael Chabon: *The Yiddish Policemen's Union*. New York: Harper Collins 2007.

Bekanntlich gelingt es László zum Ende, in die USA zu fliehen, allerdings nur mit der Unterstützung Ricks, der dafür seine große Liebe zur schönen Ilsa Lund (Ingrid Bergman) opfert. Während das Flugzeug startet und in den Wolken verschwindet, bleiben Rick und Capitaine Renault zurück. Die beiden Männer sind, wie Rick feststellt, durch „den Beginn einer wunderbaren Freundschaft" verbunden – und durch den Schnaps. Rick ist damit, ohne ein Jude zu sein, die quintessentielle Figur des jüdischen Trinkers. Von einem Wunder erwartet er nicht die Erlösung oder ein neues Heimatland, sondern bloß den nächsten Drink in Gesellschaft eines Freundes.

4 — ד

VERGESSEN, ÜBERSEHEN, VERDRÄNGT

ALTER BESTAND, 2017

ARNOLD DREYBLATT

Arnold Dreyblatts Arbeit *alter Bestand* gibt einen Einblick in seine Recherchen zum Silber aus ehemals jüdischem Besitz, das sich in mehreren kulturellen Institutionen in Hamburg befindet oder nach dem Krieg restituiert worden ist.

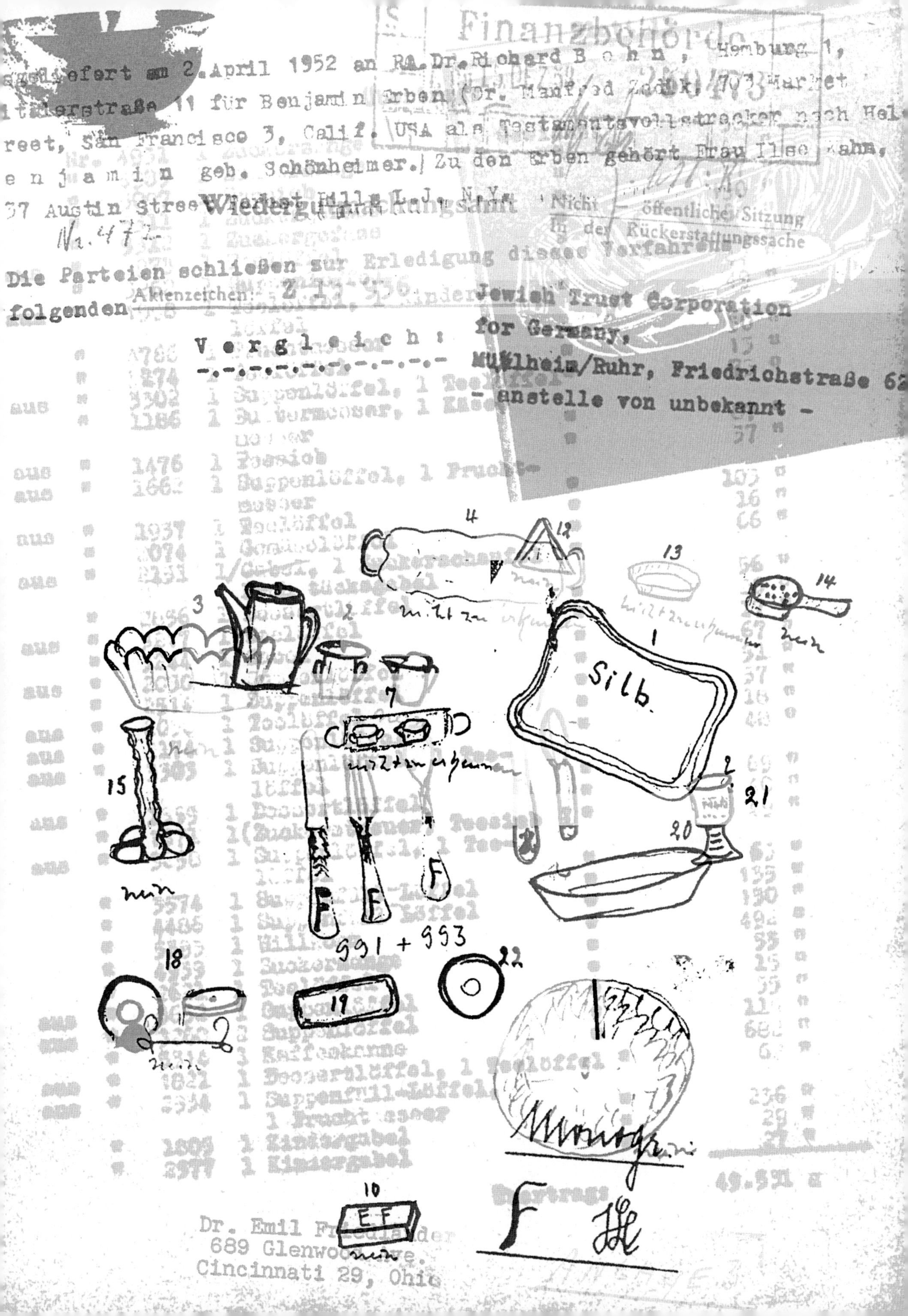
Finanzbehörde
2. April 1952 an RA. Dr. Richard B o h n , Hamburg 1,
für Benjamin Erben (Dr. Manfred Zadik, 703 Market
reet, San Francisco 3, Calif. USA als Testamentsvollstrecker nach Hel
geb. Schönheimer. Zu den Erben gehört Frau Ilse Kahn,
37 Austin Street, Forest Hills L. I. N. Y.
Wiedergutmachungsamt
Nicht öffentliche Sitzung
In der Rückerstattungssache
Nr. 472
Die Parteien schließen zur Erledigung dieses Verfahrens
folgenden
Aktenzeichen: Z 11 556
V e r g l e i c h :
Jewish Trust Corporation
for Germany,
Mülheim/Ruhr, Friedrichstraße 62
- anstelle von unbekannt -
Silb.
991 + 993
Dr. Emil Friedlaender
689 Glenwood Ave.
Cincinnati 29, Ohio

An die ... Manschettenknopf mit einer Münze) fehlten bereits bei einer früheren Kontrolle. ..., eine Hemdspange, und Nr.

Kulturbehörde

Ich glaube, daß bei einer Gesamtzahl von 6.400 Nummern nach meiner Ansicht die Zahl der fehlenden Stücke als gering bezeichnet werden kann, zumal anzunehmen ist, daß sich die ersten Nummern bei der kürzlichen Abgabe an die Leihanstalten ineinander verhakt haben und tatsächlich abgegeben sind.

Betr.: Silbergerät aus ehemals jüdischem Besitz – Az.: 01.53

Nr. 6347 Gedenkmünze
Nr. 6349 Gedenkmünze
Nr. 6357 Verlobungsmünze
Nr. 6364 Münze
Nr. 6369 Münze

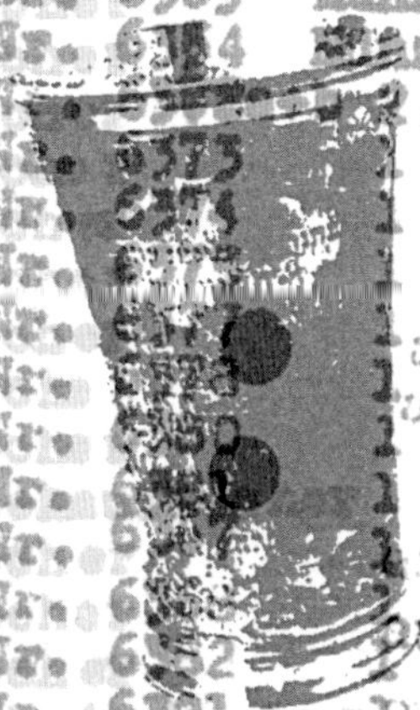

Plakette
Plakette
Plakette
Plakette
Plakette
Plakette
Plakette
Gedenkmünze
Gedenkmünze
Plakette
Nr. 6321 1 Halskettenanhänger
Nr. 6322 1 Halskettenanhänger
Nr. 6166 1 Dose
Nr. 6169 1 Ring
Nr. 6184 1 Petschaft
Nr. 6185 1 Petschaft
Nr. 6187 1 Petschaft
Nr. 704 a+b 2 Leuchter
Nr. 706 a+b 2 Leuchter
Nr. 656 1 Leuchter
Nr. 796 a+b 2 Leuchter
Nr. 760 a+b 2 Leuchter
Nr. 793 a+b 2 Leuchter
Nr. 735 a+b 2 Leuchter
Nr. 690 a+b 2 Nachtleuchter
Nr. 664 1 Leuchter
Nr. 651 1 Leuchter
Nr. 698 a+b 2 Leuchter
Nr. 752 a+b 2 Leuchter
Nr. 751 a+b 2 Leuchter
Nr. 667 1 Leuchter
Nr. 673 a+b 2 Leuchter
Nr. 826 a+b 2 Leuchter
Nr. 743 a+b 2 Leuchter
Nr. 700 a+b 2 Leuchter
Nr. 716 a+b 2 Leuchter
Nr. 724 a+b 2 Leuchter
Nr. 708 a+b 2 Leuchter
Nr. 749 a+b 2 Leuchter
Nr. 649 1 Leuchter

Nr. 617 1 Zuckerschale
Nr. 4939 1 Zuckerzange
Nr. 4963 1 Kuchenzange
Nr. 4968 1 Zuckerzange
Nr. 4972 1 Zuckerzange
Nr. 4720 1 Spargelzange
Nr. 4914 1 Senflöffel
Nr. 4222 1 Fruchtmesser
Nr. 4230 1 Salzschaufel
Nr. 4225 1 Kinderlöffel, 1 Kindergabel
Nr. 4601 2 Kompottlöffel
Nr. 4837 1 Messer
Nr. 3151 1 Suppenlöffel, 1 Gemüselöffel
Nr. 2043 1 Teelöffel, 1 Tortenspaten
Nr. 2037 1 Teesieb
Nr. 2119 1 Gabel
1 Buttermesser, 1 Käsemesser
1 Suppenfüllöffel, und 1 ...
Nr. 2062 1 Dessertgabel
Nr. 1027 1 Zuckerstreuer
1 Suppenlöffel, 1 Gabel, 1 ...löffel, 1 Obstmesser, 1 Frühstücksgabel, 1 Suppenfüllöffel, ...messer, 1 Buttermesser
1 Gabel, 1 Teelöffel, 1 ...
1 Teelöffel
1 Gabel, 1 Teelöffel
1 Suppenfüllöffel
1 Dessertlöffel
Nr. 1079 1 Teelöffel
Suppenlöffel, 1 Gabel, 1 ...löffel, 1 Frühstücksgabel, ...löffel, 1 Suppenfüllöffel, ...
1 Suppenlöffel, 1 große Gabel, Dessertlöffel, 1 Obstmesser, messer, 1 Frühstücksgabel, 1 Moccalöffel, 2 Saucenlöffel, gabel,
1 Kinderlöffel, 1 Kindergabel
1 Fruchtmesser
1 Moccalöffel
1 Saucenlöffel
1 Fischmesser, 1 Fischgabel
1 Teelöffel
1 Frühstücksgabel, 1 Dessert...
1 Zuckerstreuer
1 Spargel...

44 · 125 · 15 · 35 · 60 · 142 · 53 · 150 · 131 · 150 · 122 · 120 · 102 · 20 · 37 · 5 · 27 · 9 · 46 · 928 · 959 · 3.217 · 725 · 675 · 720 · 550 · 480 · 105 · 612 · 625 · 542 · 175 · 710 · 640 · 920 · 1.162 · 900 · 903

Nr. 5435 1 Be...
Nr. 5512 1 Be...
Nr. 5541 1 Be...
Nr. 5456 1 Be...
Nr. 5536 1 Be...
Nr. 5430 1 Be...
Nr. 5530 1 Be...
Nr. ...71 1
Nr. ...08 1
Nr. ...35 1
Nr. ...26 1
Nr. 5538 1 B...
Nr. 5480 1
Nr. 5522 1
Nr. 5515 1
Nr. 5474 1
Nr. 5571 1
Nr. 5899 1
Nr. 935 1
Nr. 5854 1
Nr. 5625 1
Nr. 5632 1
Nr. 5873 1
Nr. ...898 1
Nr. ...86 1
Nr. 5984 1
Nr. ...87 1
Nr. 5418 1
Nr. 5494/95 1
Nr. 5493 1
Nr. 911 1
Nr. 5489 1
Nr. 5483 1
Nr. 5481 1
Nr. 5419 1
Nr. 5420 1
Nr. 5439 1
Nr. 5935 1
Nr. 90...

Nr. 6391 1
Nr. 6390
Nr. 6251 1
Nr. 163 1
Nr. 127 1 Bratenteller

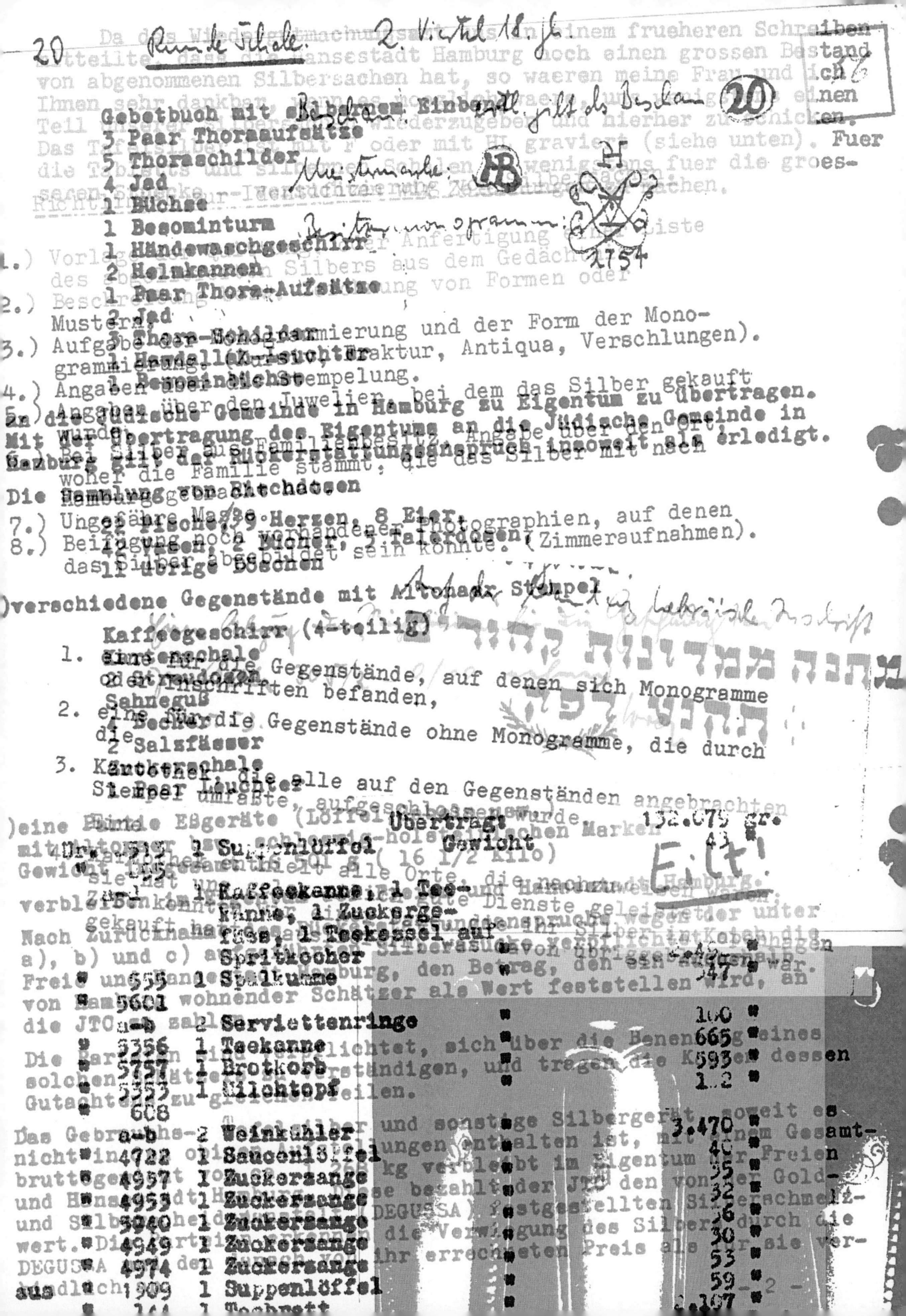
20 Runde Schale. 2. Viertel 18. Jh.
Gebetbuch mit silbernem Einband
3 Paar Thoraaufsätze
5 Thoraschilder
4 Jad
1 Büchse
1 Besomintur
1 Händewaschgeschirr
2 Helmkannen
1 Paar Thora-Aufsätze
Meistermarke: HB
Besitzermonogramm: 1754
1.) Vorlagen zur Anfertigung einer Liste des abgegebenen Silbers aus dem Gedächtnis
2.) Beschreibung der Gegenstände, ung von Formen oder Muster
3.) Aufgabe der Monogrammierung und der Form der Monogramme (Kursiv, Fraktur, Antiqua, Verschlungen).
4.) Angaben über die Stempelung.
5.) Angaben über den Juwelier, bei dem das Silber gekauft wurde
an die Jüdische Gemeinde in Hamburg zu Eigentum zu übertragen.
Mit der Übertragung des Eigentums an die Jüdische Gemeinde in Hamburg gilt der Rückerstattungsanspruch insoweit als erledigt.
woher die Familie stammt
Die Sammlung von Ritchabesen
7.) Ungefähre Masse
8.) Beifügung noch vorhandener Photographien, auf denen das Silber abgebildet sein könnte. (Zimmeraufnahmen).
22 Fische, 9 Herzen, 8 Eier, 2 Talerdosen
verschiedene Gegenstände mit Altonaer Stempel
mit hebräischer Inschrift
Kaffeegeschirr (4-teilig)
1. eine für die Gegenstände, auf denen sich Monogramme oder Inschriften befanden,
2. eine für die Gegenstände ohne Monogramme, die durch
3. Kartothek, die alle auf den Gegenständen angebrachten
Sahneguß
Becher
2 Salzfässer
Stempel umfaßte, aufgeschlossen wurde.
eine Eßgeräte (Löffel
mit Altonaer bzw. schleswig-holsteinischen Marken
Gewicht
Übertrag: 132.079 gr.
1 Suppenlöffel
1 Kaffeekanne, 1 Teekanne, 1 Zuckergefäss, 1 Teekessel auf Spritkocher
Eilt!
Nach Zurücknahme des Rückerstattungsanspruchs
1 Spülkumme
2 Serviettenringe
1 Teekanne
1 Brotkorb
1 Milchtopf
2 Weinkühler
1 Saucenlöffel
1 Zuckerzange
1 Zuckerzange
1 Zuckerzange
1 Zuckerzange
1 Zuckerzange
1 Suppenlöffel
Die Parteien einigen sich über die Benennung eines solchen Schätzers zu verständigen, und tragen die Kosten dessen Gutachtens zu gleichen Teilen.
Das Gebrauchs-Tafelsilber und sonstige Silbergerät, soweit es nicht in obigen Aufstellungen enthalten ist, mit einem Gesamtbruttogewicht von ca. 268 kg verbleibt im Eigentum der Freien und Hansestadt Hamburg. Diese bezahlt der JTC den von der Gold- und Silberscheideanstalt (DEGUSSA) festgestellten Silberschmelzwert.
- 2 -

Donnerstag, der 23.August 1951

Frau Frank für Daltrop, Liverpool
Frau Hamborg für Marcus
Frau Dr. Weltsch, Haifa
Herr Mathiason
Herr Sußmann auf der Durchreise von München nach Amerika
Frau Horowitz

Freitag, den 24.August 1951

Herr Fränkel, Carracas
Frl. Robinow, Provenance U.S.A.
Frau Syamken, geb.Heymann
Frau Dr. Weltsch
Frau Gunz

Sonnabend, den 25.August 1951

Frl.Glaser, Belfast
Herr Fränkel

Ich mache auf die große Zahl von Ausländern aufmerksam (den Herkunftsort habe ich nur bei dem ... auch angegeben), die sich ...

Goldsachen

1	Paar Ohrringe mit Brillanten (Platin)	M 300.-
1	Brosche mit Brillanten	225.-
2	Armbaender	50.-
1	Halskette mit Anhaenger und Perlen	150.-
2	Paar Manschettenknoepfe mit Brillanten	200.-
3	einzelne Manschettenknoepfe	60.-
1	Ring mit Stein (Diamant)	150.-
2	Ringe mit Amethyst	120.-
1	gr. Siegelring	100.-
1	Ring mit Saphir und Brillanten (neu)	300.-
1	Ring mit Diamant	150.-
1	Kinderring	15.-
1	Ring mit Brillant	150.-
1	Karabiner	20.-
1	Uhrschluessel mit Stein	15.-
1	Uhrkette	150.-
1	Buerste mit Gold 116g	75.-
1	Anhaenger (Medaillon)	80.-
1	gold. Lupe (antik Handarbeit)	90.-
1	Frackknopf mit Saphir und Brillantsplitter	40.-
1	Goldfeder	?
	...uhr	250.-
	...ld. Armband	350.-
	...uhr 1273	250.-
	...uhr 20138	250.-
	...41381	200.-
	...linderuhr 70451	200.-

Der Schaetzungswert betraegt: RM 800.-
abzueglich Verwaltungsgebuehr RM 80.-
ausgezahlt sind .... RM 720.-
In Worten Reichsmark: Siebenhundertzwanzig

STEMPEL: ... und vor der Einschmelzung bewahrt ...
Oeffentliche Leihanstalt III ... Bildkartei
Gothenstrasse (Ankaufskasse) Unterschrift unleserlich Stadtober...

NOACK

TOTAL RM. 55...

TOTAL RM 39...

Ankaufsbescheinigung Nr

ENDLICH EINE LÖSUNG FÜR GENERATIONEN FINDEN: BLEIBERECHT FÜR ROMA IN DEUTSCHLAND

BUNDES ROMA VERBAND E. V.

Der Bundes Roma Verband e. V. (BRV) hat im letzten Jahr eine Petition gestartet, in der das Bleiberecht für Roma gefordert wird. Die Petition wurde ins Leben gerufen, nachdem eine Protestaktion am Mahnmal für die im Nationalsozialismus ermordeten Roma und Sinti Europas in Berlin, bei der etwa 50 Rom*nja gegen ihre Abschiebung gekämpft hatten, gewaltsam polizeilich geräumt worden war.

Mit der Erklärung von sechs Balkanländern zu so genannten sicheren Herkunftsstaaten wird das Asylrecht faktisch ausgehebelt und die Abschiebung von Rom*nja massiv gefördert, obwohl dort lediglich materielle Not, Marginalisierung und Diskriminierung für sie sicher sind. Ihre Kinder, die in Deutschland geboren und sozialisiert sind, werden ihrer Zukunft beraubt – viele von ihnen werden nie wieder eine Schule besuchen, da sie oftmals nicht einmal die dortige Sprache beherrschen. Zudem werden Rom*nja immer wieder Ziel nationalistischer und rassistischer Angriffe. Menschenrechtsverletzungen werden als solche nicht anerkannt. Auch durch den aktuellen politischen Rechtsruck in Europa wird die Diskriminierung von Rom*nja verstärkt und ihre Ausgrenzung durch rassistisch-nationalistische Ideologien massenwirksam legitimiert.

Während des Kosovokrieges, der mit deutscher Beteiligung geführt worden ist, wurden die Häuser der Rom*nja zerstört oder von Angehörigen der Mehrheitsgesellschaft besetzt und die meisten Rom*nja aus dem Land vertrieben. Es gibt keinen sicheren Ort, an den Rom*nja zurückkehren könnten.

Nicht zuletzt vor dem Hintergrund der historischen Verantwortung Deutschlands, die sich aus dem Völkermord während der NS-Zeit, der Beteiligung am Kosovokrieg und dessen Folgen ergibt, fordert der BRV die Rücknahme der Einstufung der Balkanländer als ‚sichere Herkunftsstaaten', einen sofortigen Abschiebestopp und ein uneingeschränktes Bleiberecht. Letzteres könnte, wie für die jüdischen Zuwanderer*innen aus den postsowjetischen Staaten, durch eine Anerkennung als ‚Kontingentflüchtlinge' ermöglicht werden.

Petition zeichnen: https://www.change.org/p/bleiberecht

XXS – ZERSETZEN, EINE STRATEGIE

Ein essayistischer Dokumentarfilm von Heinrich dem Löwen

HENRIKE PILZ

Der Geheimdienst der DDR, die Stasi, war in ihren Observationen darauf aus, den schwächsten Punkt oder die empfindlichste Stelle der verfolgten Person herauszufinden, um dieses Wissen dann in Form von psychischer Gewalt gegen sie zu verwenden. Neben der Anonymität der Gewalt bestand das Besondere dieser Strategie darin, dass sie haargenau auf die Persönlichkeit des vermeintlich politischen Gegners zugeschnitten war. So versuchte man Lebenskrisen hervorzurufen und psychische Belastungen zu erschaffen. Menschen sollten gar nicht bestraft werden. Das Ziel war, die politischen Feinde in Schach zu halten. Durch ihre Methoden produzierte die Stasi persönliche Sorgen und Nöte, die weder Zeit noch Energie für „feindlich-negatives" Handeln (Stasijargon) übrigließen. „Durch die inoffiziellen und offiziellen Erfüllungsgehilfen gelang es dem MfS, die Eingriffe in die Biographien aus so vielen Richtungen zu inszenieren, dass es für die Zersetzungsopfer schlichtweg unmöglich war, ihre Verfolgungssituation zu erkennen." (Sandra Pingel-Schliemann) Das konnte bei den Opfern nicht nur die gewollte „Untergrabung des Selbstvertrauens" (Richtlinie Nr. 1/76) erzeugen, sondern auch Angststörungen, Depressionen, Verfolgungswahn und andere psychische Erkrankungen.

Während meines Studiums an der Kunsthochschule in Dresden begegneten mir immer wieder Kommiliton*innen, die Geschichten aus der DDR erzählten, wie sie mir aus meiner eigenen Familie vertraut waren: Geschichten über die Stasi, über linienuntreue Bürger*innen Ostdeutschlands und über die Konsequenzen, die daraus für sie folgten.

Ich selbst spürte ebenso ein schwerwiegendes Erbe meiner Eltern – eine Last auf meinen Schultern – obgleich mir selbst in meinem Leben doch nichts dergleichen zugestoßen war. Eine Diskrepanz, die mich neugierig machte, die Geschichten meiner/unserer Eltern zu thematisieren.

In dem Projekt *XXS – zersetzen, eine Strategie* begleitete ein kleines Filmteam vier Menschen, die um 1980 geboren sind, auf einer kurzen Reise. Alle bewegten sich im Dunstkreis der Kunsthochschule. Auf unterschiedlichen Routen begaben sie sich zu einem selbstgewählten Ziel an dessen Ende, am entlegenen Ort, ein Interview zum Thema Zersetzungs-Methoden in der DDR geführt wurde. Sie erzählten nach dem Prinzip der Flüsterpost Geschichten vom Hören-Sagen, womit sich das Motiv des Kontemplativen (Stasijargon: „unsichtbar") verdoppelt. *XXS – zersetzen, eine Strategie* ist eine filmische Kollage aus Bildern dieser Reisen, Interviews, alten Fotos, grafischen Motiven und *found-footage*-Material. Die Ebene der Bilder fügt der Arbeit eine fünfte, subjektive Erzählperspektive hinzu, da ich nicht nur als Regisseurin agiere, sondern ebenso als Kamerafrau und im Schnitt sowie der Kollage sichtbar eingreifend zur Sprache komme.[1]

1 Der Film wird 2017 auf Festivals zu sehen sein und kann bei der Autorin als DVD erworben werden. Die aktuellen Informationen dazu sind auf dem Blog http://xxs-zersetzen.blogspot.de zu finden.

MIZRAHIM IN BERLIN

MATI SHEMOELOF / BARACK MOYAL

Der Begriff Mizrahim *ist eine Bezeichnung für jüdische Menschen, deren familiäre Wurzeln im arabischen Raum liegen (im Gegensatz zu Aschkenazim, die mehrheitlich aus West-, Zentral und Osteuropa stammen). Mit zunehmenden Diversifizierung der jüdischen Gemeinschaft in Deutschland wird die mizrachische Perspektive auch hier wichtiger. Die Autoren sind die Organisatoren der offenen Lesereihe* Poetic Hafla, *die regelmäßig in wechselnden Berliner Bars stattfindet.*

Besonders gut Arabisch sprechen wir beide nicht. Von der Sprache unserer Eltern verstehen wir also nur wenig. Dennoch ist es uns wichtig, eine Brücke zu unserer Geschichte zu schlagen und sie zu erkunden. So ging Barack vor einigen Jahren nach Marokko, an den Ort, an dem seine Eltern aufwuchsen, um die dortige Landschaft auf Leinwand zu fixieren. Die Gemälde wurden anschließend in einer Moabiter Galerie ausgestellt. Matis literarische Arbeit befasst sich mit den unterschiedlichen Rekonstruktionen mizrachischer Biographien sowohl in Deutschland als auch in Israel. 2014 begann Mati damit, regelmäßig eine Kolumne für *Haaretz* über das Leben von Israelis in Berlin zu schreiben.

Viele aschkenasische Israelis gehen davon aus, dass sich mit ihrer Auswanderung nach Berlin auch ihr ‚Hegemonie-Problem' gelöst habe. Dabei ist es doch so: Wer Privilegien in Israel hatte, hat diese weiterhin in Berlin. Sicher, wir teilen, dass wir alle Zugewanderte sind. Dennoch gibt es jene, die das Glück haben, einen europäischen Pass zu besitzen, und jene ohne; jene mit weißer Hautfarbe und den dazugehörigen Privilegien und jene ohne.

Ein großer Teil der arabischen Bevölkerung in Berlin betrachtet uns Mizrahim als einen Teil von sich, auch, weil unser Äußeres ihm unsere gemeinsame Herkunft verrät. Das freut uns sehr, denn in Berlin können wir endlich die

Verbindung zu unseren Brüdern und Schwestern aus der arabischen Welt (wieder)herstellen – ohne durch die israelische Mauer zum Nahen Osten getrennt zu sein.

Die deutsche Öffentlichkeit weiß wenig über die Kultur der Mizrahim sowie die Anstrengungen und Konflikte, die wir in Israel hatten. Als *jüdische* Menschen wurden wir stets durch die Brille eines vereinheitlichenden zionistischen Narrativs betrachtet. Dieser Blick dominiert auch die deutsche Öffentlichkeit und erlaubt keine differenzierte Kritik an der Art und Weise, wie Israel die Geschichten unserer Eltern und Großeltern unsichtbar gemacht hat. Und auch mizrachische Literatur ist in Deutschland wenig bekannt. Das ist ein Problem, denn darin findet sich ein alternatives Narrativ, unser Narrativ.

Die jahrtausendealte Kultur der Mizrahim war schon immer geprägt von einer Mischung aus Ost und West, die auch andauerte, während eine aschkenazische Dominanzkultur ihre vermeintliche Fortschrittlichkeit gegenüber einer vermeintlichen mizrachischen Rückständigkeit konsolidierte. So sprachen beispielsweise jüdische Menschen aus Marokko Hebräisch, Marokkanisch und Französisch. Sie trugen den Multikulturalismus in sich, die Vorwegnahme einer postnationalen Welt! Dieser sprachlichen und kulturellen Vielfalt des Judentums versuchen wir mit der Lese- und Musikreihe *Poetic Hafla* wieder ein Podium zu geben und ihr so zu verstärkter Sichtbarkeit zu verhelfen.

Aus dem Englischen von Christopher Horne

5 — ה

STREITBARES

MONUMENT – PAZIFISMUS ALS AUSWEICHROUTE EINES GESCHICHTSREVISIONISMUS?

Das Bombardement auf Dresden am 13. Februar 1945 in der Gegenwartsrezeption

KATHRIN KRAHL

Macht das Wort *postfaktisch* heute Furore, so finden sich in der deutschen Rezeption des Nationalsozialismus und der Shoah seit Jahrzehnten postfaktische Erzählungen – Erzählungen, die gewollt historische Wahrheit negieren, trivialisieren, teilweise sogar leugnen. Das stimmt auch in Bezug auf die viel gepriesene deutsche ‚Erinnerungskultur'. Ohne die Interventionen jüdischer Wissenschaftler*innen (wie Eleonore Sterling, Raoul Hilberg, Saul Friedländer) und einiger Protagonist*innen der 1968-Revolten wäre die Geschichte der Konzentrationslager wohl erst deutlich später geschrieben worden. Ohne die Initiativen von Menschen wie Fritz Bauer oder Beate und Serge Klarsfeld hätte es wohl deutlich weniger Verfahren gegen die bedeutenden Nazitäter gegeben und die Wehrmacht wäre ohne Hannes Heer heute vielleicht noch ‚sauber'. Neben Jüdinnen und Juden mussten auch andere Verfolgtengruppen ihre Anerkennung als Opfer und Verfolgte erst erstreiten. Zunächst wurde nicht nur die offensichtliche Täter*innenschaft verleugnet, auch die Entschädigungen für Zwangsarbeit mussten durch amerikanische Sammelklagen erst angeschoben werden. Wenn sich die deutsche Gesellschaft heute als ‚Erinnerungsweltmeister' brüstet, dann brüstet sie sich mit den Resultaten von Bühnenbesetzungen, Hungerstreiks, Wiedergutmachungsabkommen und Strafprozessen, welche ohne die Initiativen der Überlebenden und einzelner Engagierter nicht zustande gekommen wären.

Eine gute Illustration der Renitenz einer post-nationalsozialistischen deutschen Erinnerungsgemeinschaft ist die Stadt Dresden, die einer Generalamnesie verfallen zu sein scheint.[1] Jahrzehntelang galt die ‚Kunst- und Kulturstadt' Dresden als *das* unschuldige Opfer des Nationalsozialismus. Die Geschichte Dresdens im Nationalsozialismus beginnt für gewöhnlich mit dem 13. Februar 1945, dem Tag des weltbekannt gewordenen Bombardements durch die Alliierten. Vergessen waren und sind die vorangegangene rassistische und antisemitische Verfolgung, die Bücherverbrennungen, die sogenannten Arisierungen, die Zwangsarbeit und die Deportationen. Die Unterschlagung der Verbrechen durch eine revisionistische Fokusverschiebung auf die Bombardierung der Stadt kann getrost als Vorläuferin des Postfaktischen verbucht werden.

Doch die Geschichte des postfaktischen Gedenkens ist länger, als man zunächst denken mag. Propagandaminister Joseph Goebbels selbst sprach schon während des Nationalsozialismus von der Unschuld Dresdens. Diese Lesart übernahmen anschließend die DDR-Staatsantifaschisten und -Antiimperialisten. So wurde Dresden neben Korea in den 1950er Jahren zu den Opfern US-amerikanischer Aggression gezählt. Noch in den 1980er Jahren organisierten anarchistische Pazifist*innen am Tag der Bombardierung eine spektakuläre Aktion, um an die Erfahrungen der Dresdner*innen anzuknüpfen und sie für den Frieden in der Welt zu gewinnen. Im nationalen Taumel der Deutschen Einheit sollte 1990 schließlich mit dem Wiederaufbau der Frauenkirche mit der Geschichte des Nationalsozialismus abgeschlossen werden. Was in den 1950er und 1960er Jahren in West- wie Ostdeutschland undenkbar erschien, wurde nun zum identitätsstiftenden Projekt. Hatte die Ruine der Frauenkirche in der DDR als Mahnmal gegen Faschismus und Krieg fungiert, war der Wiederaufbau ein städtebauliches Symbol eines wieder erstarkenden, geeinten Deutschlands, das sich seiner Vergangenheit zu entledigen suchte.

Wiederaufbau und Rekonstruktion sind auch heute noch die beiden großen Themen, die die Diskussion um die Dresdner Altstadt und den öffentlichen Raum beherrschen. Alle Leidenschaft gebührt der Architektur aus der Zeit vor 1900 – egal, ob original oder nachempfunden. Die Luftangriffe vom 13. Februar 1945 hatten neben großen Teilen der Innenstadt auch die Frauenkirche zerstört, die mit dem Abschluss der Rekonstruktion zu einem zentralen Ort der Gedenkfeierlichkeiten und Auseinandersetzungen rechter, bürgerlicher und linker Dresdner*innen geworden ist. Dabei ist im Rahmen der Gedenkrituale ein Versöhnungsmotiv leitend, bei dem nicht die Opfer des Nationalsozialismus, sondern die deutschen Opfer des Bombardements im Vordergrund stehen. Das macht es auch für die europäische Naziszene attraktiv, an diesem Tag und in dieser Stadt zu demonstrieren. Ab Mitte der Nullerjahre

1 Dazu ausführlich Autor_innenkollektiv „Dissonanz" (Hrsg.): *Gedenken abschaffen. Kritik am Diskurs zur Bombardierung Dresdens 1945*. Berlin: Verbrecher 2013.

fand rund um den 13. Februar der größte europäische Naziaufmarsch in Dresden statt. Seine Attraktivität nahm in den Folgejahren durch Interventionen antifaschistischer Aktivist*innen, die teilweise von massiver staatlicher Repression begleitet wurden, ab.[2]

Im Wiederaufbau der Frauenkirche manifestiert sich also zweierlei – der Versuch, eine selbstreferenzielle Form der Erinnerung zu finden, und die Sehnsucht nach einem Schlussstrich, einer Normalisierung, die mittlerweile zu trauriger Berühmtheit gelangt ist. Das Symbol der Frauenkirche macht die Selbststilisierung Dresdens als Opfer der Alliierten möglich und steht für einen breit geteilten städtischen Konsens.

EIN MONUMENT Eigentlich war der Trubel rund um das Gedenken in den letzten Jahren schon abgeflaut, die RevisionistInnen leiser geworden, die Kritik lauter. Das Erinnern rund um den 13. Februar hatte insgesamt an Attraktivität verloren, doch dann eröffnete im Februar 2017 ein Bündnis städtischer und zeitgenössischer Kunsteinrichtungen in dieser komplizierten Gemengelage ein temporäres Monument zum Thema Krieg und Flucht.

Manaf Halbounis' frei zugängliche Skulptur einer Busbarrikade[3] holte den Bürgerkrieg in Syrien in den öffentlichen Raum Dresdens. Noch vor der Aufstellung der drei aufrechten und zerschossenen Busse in unmittelbarer Nähe der Frauenkirche kochte Pegida und das Umfeld der ‚AbendlandretterInnen' vor Wut. Und zwischen der folgenden

> *holzschnittartige[n], sensationsgierige[n] Berichterstattung und diverse[r] Schlammschlachten in den sozialen Netzwerken blieb nur wenig Raum, das MONUMENT und dessen Entstehung unaufgeregt auf Schwachstellen und künstlerische Stärken abzutasten.*[4]

Die Stadtgesellschaft polarisierte sich über die Betrachtung des MONUMENTS. Die künstlerische Arbeit selbst ist wenig abstrakt oder kompliziert und war daher leicht gegen Pegida in Stellung zu bringen. Dagegen gibt Konstanze Schütze zu bedenken:

---

2 Die Strafverfolgung von im Kontext der Kampagne *Dresden nazifrei* aktiven Antifaschist*innen hat traurige Berühmtheit erlangt. Das Verfahren gegen den Jugendpfarrer Lothar König aus Jena und den Berliner Antifaschisten Tim H. hat die *sächsischen Verhältnisse* in der lokalen Justiz auch überregional zum Thema gemacht.

3 Mit der Skulptur MONUMENT, die im Rahmen des Kulturfestes *Am Fluss* und des Dresdner Gedenkens für die Opfer von Krieg und Gewalt auf dem Neumarkt aufgestellt wurde, setzt der Künstler Manaf Halbouni ein Zeichen für Frieden, Freiheit und Menschlichkeit.

4 Konstanze Schütze: Über das Monument/on Monuments. http://8rly.com/2017/04/26/ueber-das-monument/ (Zugriff am 28.04.2017).

> *[U]m tatsächlich eine transformatorische Kraft zu entwickeln, sollte Kunst weder als Denkzettel an Pegida & Co oder „Heilsversprechen" an die verunsicherte Gesellschaft agieren, noch politische Plattitüden aufführen oder gar bildungsbürgerliche Arroganz demonstrieren. Möchte sie nicht zur bloßen Dekoration und politischen Illustration verkommen, muss Kunst – wie KünstlerInnen – mehr Verantwortung im Sinne einer Profession übernehmen und gute Arbeit leisten.*[5]

Dabei waren die Begründungen der Ablehnung und Zustimmung der künstlerischen Arbeit sehr unterschiedlich: Die einen fanden sich in ihrem konventionellen ästhetischen Empfinden gestört („Schrottbusse in unserer Altstadt"), die anderen konnten oder wollten neben den Toten am 13. Februar 1945 keine anderen Kriege und Toten ertragen. Unter den Befürworter*innen des Kunstwerkes gab es einige, die sich – ohne die Vielschichtigkeit des Ortes und des Diskurses zu berücksichtigen – eher ein gutes Gewissen als ein gutes Kunstwerk ‚eingekauft' hatten.[6] Die Stadt Dresden allerdings hat über Jahre zeitgenössische Positionen im öffentlichen Raum verunmöglicht. Daher bot das MONUMENT eine ‚einfache' Gelegenheit der Distinktion gegenüber dem nicht-kunstaffinen Publikum. Das MONUMENT erzählt deshalb mehr über seine ‚Liebhaber', als man zunächst vielleicht denken mag.

Dresden ist eine Stadt, die es über Jahre versäumt hat, einen angemessenen Umgang gegen rechte Gewalt und Terror zu entwickeln. So konnte sich in Teilen der Stadtgesellschaft eine rechte Hegemonie etablieren, die Dresden zu einem gefährlichen Ort für Asylsuchende und Menschen, die als nichtdeutsch wahrgenommen werden, gemacht hat. In den Eröffnungsreden zum MONUMENT wurde vielfach die Sehnsucht nach Frieden geäußert. Es ist bemerkenswert, dass man sich die Stadt Aleppo gewählt hatte, um für Frieden zu werben, nicht aber eine direkte Thematisierung rechter Hegemonie in der eigenen Stadt, die gerade am 13. Februar überall präsent ist, thematisierte. Diese Strategie steht in einer historischen Linie mit dem Pazifismus in der DDR, den Antikriegsprotesten der 1980er, 1990er und 2000er Jahre. Um die „Wiedergutwerdung der Deutschen"[7] zu erlangen, musste schon immer der globale Pazifismus herhalten. Darüber wurde vergessen, dass der Zweite Weltkrieg nicht irgendein Krieg war, und der Nationalsozialismus hier und jetzt noch ein Politikum ist: Spätestens mit der Forderung des AfDlers Björn Höcke nach einer 180-Gradwende in der Erinnerungspolitik in seiner Dresdner Rede[8], ist

5 Ebd.

6 Daher auch in meiner Kritik die Losung: „Gegen rechts verteidigen, von links kritisieren."

7 Eike Geisel: *Die Wiedergutwerdung der Deutschen.* Berlin: Tiamat 2015.

8 Björn Höcke am 17. Januar 2017 im Rahmen der Veranstaltungsreihe „Dresdner Gespräche" der AfD-Jugendorganisation Junge Alternative (JA) im Ballhaus Watzke, Dresden: „Wir brauchen so

klar, dass die Auseinandersetzung mit dem Nationalsozialismus keine Universalisierung braucht, sondern jetzt und hier als konkretes Ereignis deutscher Machart reflektiert und erinnert werden muss. Durch das MONUMENT wird diese Auseinandersetzung mit den eigenen ‚Dämonen' letztlich vermieden. Stattdessen glauben die Dresdner*innen, den Zweiten Weltkrieg hinter sich gelassen zu haben. In Wahrheit hat dieser Krieg für viele noch immer kein Ende gefunden. Deutschland hat noch Schulden zu begleichen, Renten zu zahlen, Reparationen zu leisten. Da liegt ein Handlungsspielraum, der jetzt und heute wichtig wäre für die wenigen noch lebenden Opfer von damals.[9]

Das Engagement für Frieden braucht es jeden Tag. Doch der 13. Februar birgt zugleich Raum für eine Perpetuierung des deutschen Opfernarrativs. Will man den Dresdner*innen zugestehen, dass sie auch ohne eigene oder familiäre Erfahrung oder Tradierung der Bombardierung für Frieden sein können, dann müsste dieses Zugeständnis von einer Rückeroberung des Politischen begleitet werden. Doch es gibt keine (politisch) angemessene pazifistische Kunst in dieser Gemengelage. Im Kontext eines Tages, an dem Bomben Jüdinnen und Juden das Leben retten mussten, da es sonst keiner tat, ist ein denkbar schlechter Tag, Pazifismus zu adressieren. Es ignoriert konsequent die Erfahrung der Shoahüberlebenden[10]. Um nur eine der vergessenen Stimmen zu zitieren. Olga Horak notierte als Mädchen zum Bombardement: „Während des Angriffs beobachteten wir, wie die Bomben wie Manna vom Himmel fielen."[11] Da befand sie sich auf einem Todesmarsch durch Dresden. Es handelt sich um die Tage und Nächte rund um die Bombardements am 13. Februar 1945.

---

dringend wie niemals zuvor diese erinnerungspolitische Wende um 180 Grad, liebe Freunde. Wir brauchen keinen toten Riten mehr in diesem Land. Wir haben keine Zeit mehr, tote Riten zu exekutieren [*sic*]. Wir brauchen keine hohlen Phrasen mehr in diesem Land, wir brauchen ein [*sic*] lebendige Erinnerungskultur, die uns vor allen Dingen und zuallererst mit den großartigen Leistungen der Altvorderen in Berührung bringt." (Zit. n. Höcke-Rede im Wortlaut. In: *Der Tagesspiegel Online*, 19.01.2017. http://www.tagesspiegel.de/politik/hoecke-rede-im-wortlaut-gemuetszustand-eines-total-besiegten-volkes/19273518.html (Zugriff am 19.07.2017).)

9 Vgl. dazu Jens Rosbach: Erst verfolgt, dann verarmt. In: *Deutschlandfunk Online*, 24.04.2017. http://www.deutschlandfunk.de/russischsprachige-holocaust-opfer-in-deutschland-erst.1773.de.html?dram:article_id=384440 (Zugriff am 30.04.2017).

10 Ausschnitt einer Einladung zur Reflexion des MONUMENTS im Rahmen der Saloon-Gespräche in Dresden, einem unregelmäßigen Gesprächsformat, das von Kunstinteressierten aus Dresden, Leipzig und Berlin organisiert wird: „Es müsste ein Versuch sein, nicht dümmer und vereinzelter zu werden, sondern miteinander im Gespräch über Kunst zu bleiben und sich in Zeiten von Antiintellektualismus und Heiligsprechungen in dieser Stadt (und Welt) nicht aus dem gemeinsamen Denken zu verlieren" (Saloon, 30.03.2017).

11 Audioscript Dresden: Wir hatten keine Angst vor den Bomben. Interview mit Olga Horak. In: *Jungle World*, 11.02.2010. http://jungle-world.com/artikel/2010/06/40344.html (Zugriff am 25.04.2017), siehe auch audioscript zur Verfolgung und Vernichtung der Jüdinnen und Juden in Dresden 1933–1945. http://www.audioscript.net/ (Zugriff am 11.07.2017).

DAS JUDENTUM – DOCH KEIN MONOTHEISMUS?

Zu Peter Schäfers ZWEI GÖTTER IM HIMMEL

MICHA BRUMLIK

Es war Karl Marx, der 1843 im Anschluss an Ludwig Feuerbach die Kritik der Religion zur Grundlage und Vorbedingung aller radikalen Gesellschaftskritik erklärte: sei doch die Religion – so Marx in der Einleitung zur Kritik der Hegelschen Rechtsphilosophie aus dem Jahr 1843 – als fehlgeleitete Projektion menschlichen Elends „Opium des Volkes" und verhindere somit eine radikale Kritik der wirklichen Verhältnisse. Andere Abkömmlinge der Schule G. W. F. Hegels sahen in der christlichen Religion jedoch ein Zu-sich-kommen des menschlichen Geistes. Philologisch präzisiert, führte dies zur historisch-kritischen Methode der Erforschung religiöser Texte – ein Unterfangen, das im deutschen Protestantismus begann und das sich Katholizismus und Judentum nur unter Schmerzen und vergleichsweise spät aneigneten. Tatsächlich hat dieses Verfahren einen Januskopf: So hat etwa die historisch-kritische Erforschung der Hebräischen Bibel, des ‚Alten Testaments', oft genug dazu gedient, den jüdischen Glauben abzuwerten, mehr noch: die alttestamentlichen Quellen auch des Christentums zu eliminieren und damit den Antisemitismus zu fördern, so etwa das 1934 gegründete Institut zur Erforschung (und Beseitigung) des jüdischen Einflusses auf das deutsche kirchliche Leben in Eisenach.

Umgekehrt kann religionshistorische Forschung zur Verminderung von Fundamentalismus und Intoleranz beitragen – etwa, wenn deutlich wird, wie sehr sich z. B. Judentum, Christentum und Islam gemeinsamen Quellen und Überzeugungen verdanken.

Neben dem in Berkeley forschenden Judaisten Daniel Boyarin war und ist es besonders der neue Direktor des Jüdischen Museums Berlin, Peter Schäfer – er hat diese Position nach einem intensiven Hochschul-und Forscherleben in Berlin und später in Princeton inne –, der sich um Forschung dieser Art verdient gemacht hat. In vielen Arbeiten – etwa in dem 2008 bei Suhrkamp erschienenen Band *Weibliche Gottesbilder im Judentum und Christentum* - konnte Schäfer die innige Beziehung von Judentum und Christentum erhellen: etwa durch seinen Nachweis, dass sich die in der Kabbala hervorgehobenen weiblichen Züge der Gottheit wahrscheinlich dem Zusammenleben von Juden* und Christen* in der mittelalterlichen Provence verdanken, wo der Kult der Mutter Gottes besonders ausgeprägt war, oder – radikaler noch – in einer kleinen Schrift, die er unter dem provokativen Titel *Die Geburt des Judentums aus dem Geist des Christentums* im Jahr 2010 bei Mohr-Siebeck publizierte. Hier radikalisiert Schäfer Gedanken, die schon der jüdisch-orthodoxe Daniel Boyarin seit Jahren gut dokumentiert vertritt: dass nämlich Judentum und Christentum zueinander nicht im Verhältnis von Mutterreligion und Tochterreligion stehen, sondern sich vergleichsweise spät, im 3., im frühen 4. Jahrhundert durch Abgrenzung wechselseitig konstituiert haben und somit als ‚Geschwisterreligionen' zu bezeichnen sind. Boyarins bahnbrechenden Überlegungen sind auf Deutsch unter dem Titel *Abgrenzungen. Die Aufspaltung des Judäa-Christentums* 2009 in Dortmund in der Schriftenreihe des Instituts „Kirche und Judentum" erschienen.

Schäfers letztes Buch wiederum ist durchaus dazu geeignet, vor allem bei Jüdinnen und Juden Empörung hervorzurufen und hat dies tatsächlich auch getan. In diesem – vor einigen Monaten bei Beck erschienenen Werk mit dem Titel *Zwei Götter im Himmel. Gottesvorstellungen in der jüdischen Antike* geht es dem Autor um nichts weniger als darum, die traditionelle Ansicht, das Judentum sei als Religion Inbegriff des Monotheismus, durch Rückgang auf verschiedene Quellen zu entkräften. Nun konnte schon die alttestamentliche Forschung zeigen, dass der Gott des Alten Israel zunächst (nur?) ein Gott unter vielen war, der freilich von seinem Volk unbedingte Treue und die Abkehr von allen anderen Göttern forderte, ein Gott, der später – nicht zuletzt durch die Propheten Israels – dann zum einzigen Gott der ganzen Welt erklärt wurde. Schäfer will nun und kann etwa unter Bezug auf das biblische Buch Daniel mit seiner Gestalt des „Menschensohns", aber vor allem unter Referenz auf Schriften aus Qumran, das äthiopische Henochbuch sowie Schriften des jüdisch hellenistischen Philosophen Philo zeigen, dass auch die entstehende jüdische Religion oftmals einen zweiten – wenn auch kleineren – Gott kannte und sich damit systematisch auseinandersetzte: etwa im Talmud. In einem Midrasch aus der Wende vom 3. zum 4. Jahrhundert, dem Midrasch Genesis Rabba. Dort geht es um die Gestalt des Henoch. Tatsächlich heißt es im Tanach: „Und Henoch lebte mit Gott. Dann war er nicht mehr da, denn Gott hatte ihn hinweggenommen." (Gen 5,24) – Eine Aussage, die viele Jüd*innen jener Zeit wohl so deuteten, als habe Gott den Henoch an seine Seite geholt, ihn vergöttlicht. Der talmudische Text aber beharrt darauf, dass jene, die an eine Vergöttlichung

Henochs glauben, Häretiker seien – eine Aussage die Schäfer so deutet, dass es auch entsprechende Glaubensgemeinschaften innerhalb der entstehenden jüdischen Religion gegeben haben muss.

Wenn diese und andere Befunde zutreffen, muss die Annahme vom Judentum als eine Form des ‚reinen' Monotheismus zurückgenommen werden; das zentrale Glaubensbekenntnis des Schma Jisrael, das mit den Worten beginnt: „Höre Israel, Gott ist unser und er ist einer", wäre dann nichts anderes als die Frucht einer langen, streitigen Entwicklung. Religionspolitisch hätte das Akzeptieren von Schäfers Forschung vor allem zur Folge, dass das Christentum mit seinem Glauben an einen dreifaltigen Gott eben nicht, wie jüdische Gelehrte über etwa anderthalb Jahrtausende behaupteten, Götzendienst (hebr.: Avoda sara) ist. Neben das trinitarische Christentum träte somit nämlich ein binitarisches spätantikes Judentum. Unabhängig davon haben schon vor einiger Zeit – am 10. September 2000 – liberale, aber auch orthodoxe Rabbiner*innen aus Nordamerika in der *New York Times* eine Erklärung – „Dabru Emet" (dt.: „Sprecht die Wahrheit") – publiziert, in der ausdrücklich beglaubigt wird, dass der christliche Glaube kein Götzendienst ist.

So sehr nun Peter Schäfer in seinen historischen und philologischen Aufweisen zuzustimmen ist, so sehr ist ihm religionshistorisch zu widersprechen: Ist doch eine Religion mehr als lediglich die Summe all ihrer Schriften, ist Religion vor allem eine rituelle Lebensweise. Dann aber ist der über Jahrtausende gelebte jüdische Glaube, genauer gesagt: der Glaube des rabbinischen Judentums, eben doch reiner Monotheismus und kein „Ditheismus" und nicht, wie Schäfer behauptet, ein „binitarischer Glaube", lässt sich doch im gelebten und vollzogenen jüdischen Gottesdienst – anders als in der Kirche, in der auch der Christus und der Heilige Geist als Personen neben dem Vater angebetet werden – nicht der geringste Nachweis für die Anrufung oder Verehrung einer zweiten Gottesgestalt nachweisen.

Wie sehr dieses anregende und aufklärende Buch dennoch die Gemüter zu erhitzen vermochte, beweist eine vor einigen Monaten in München stattfindende Buchvorstellung, bei der sich Schäfer und der liberale Münchner Rabbiner Thomas Kutschera nach Augenzeugenberichten regelrecht gestritten, wenn nicht sogar angeschrien haben sollen. Auf jeden Fall: Schäfers Buch ist ein wertvoller, unverzichtbarer Beitrag für den auch im Judentum unverzichtbaren Kampf gegen jede Form von Fundamentalismus. Weist er doch nach, dass auch das Judentum – oder doch wenigstens einige seiner Gruppierungen – keineswegs immer so strikt monotheistisch gewesen ist, wie das üblicherweise behauptet und – vor allem im Gegensatz zum Christentum – stark gemacht wurde. Historische Kenntnisse lehren Bescheidenheit.

Peter Schäfer: *Zwei Götter im Himmel. Gottesvorstellungen in der jüdischen Antike*. München: Beck 2017, 199 Seiten.

Abbildungsverzeichnis

Impressum

Jalta. ***Positionen zur jüdischen Gegenwart***
AUSGABE N° 02, 2/2017 — 1/5778: Desintegration

HERAUSGEGEBEN VON
Micha Brumlik / Marina Chernivsky /
Max Czollek / Hannah Peaceman /
Anna Schapiro / Lea Wohl von Haselberg

BIBLIOGRAFISCHE INFORMATION DER DEUTSCHENNATIONALBIBLIOTHEK
Die Deutsche Nationalbibliothek verzeichnet diese Publikation in der Deutschen Nationalbibliografie; detaillierte bibliografische Daten sind im Internet über http://dnb.d-nb.de abrufbar.

WEBSITE
www.neofelis-verlag.de

UMSCHLAGGESTALTUNG & LAYOUT
Hartmut Friedrich
kontakt@hartmutfriedrich.com

LEKTORAT & SATZ
Neofelis Verlag (fs / ae)

DRUCK
PRESSEL Digitaler Produktionsdruck, Remshalden
Gedruckt auf FSC-zertifiziertem Papier.

ISSN: 2510-3725
ISBN (Print): 978-3-95808-140-6
ISBN (PDF): 978-3-95808-190-1

ERSCHEINUNGSWEISE
zweimal jährlich

Jahresabonnement 28,– € (Förderabo: 42,– €)
Einzelheft 16,– €

Erhältlich in Ihrer Buchhandlung
oder direkt beim Neofelis Verlag unter:
vertrieb@neofelis-verlag.de

Ein Abonnement verlängert sich automatisch um ein Jahr, wenn die Kündigung nicht mindestens drei Monate vor Ende des Kalenderjahrs erfolgt ist.

Die Ausgabe JALTA N° 02 erscheint im Kontext der Radikalen Jüdischen Kulturtage 2017, die vom 2.–12. November in Zusammenarbeit mit dem Studio Я des Maxim Gorki Theaters stattfinden. Sie wird gefördert durch die Kulturstiftung des Bundes.

STUDIO Я GORKI

KULTURSTIFTUNG DES BUNDES